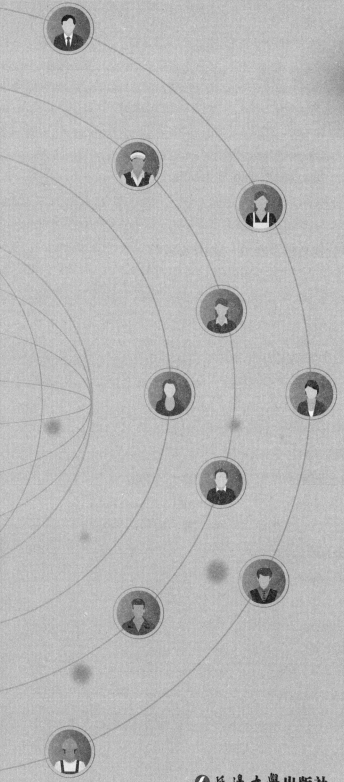

社会身份认同理论研究

黄水勃 著

延邊大學出版社

图书在版编目（CIP）数据

社会身份认同理论研究 / 黄水勃著 . -- 延吉 : 延边大学出版社 , 2023.3

ISBN 978-7-230-04587-2

Ⅰ . ①社… Ⅱ . ①黄… Ⅲ . ①社会心理学—研究

Ⅳ . ① C912.6-0

中国国家版本馆 CIP 数据核字（2023）第 049429 号

社会身份认同理论研究

著　　者：黄水勃

责任编辑：侯琳琳

封面设计：文合文化

出版发行：延边大学出版社

社　　址：吉林省延吉市公园路 977 号　　　邮　编：133002

网　　址：http://www.ydcbs.com　　　　E-mail：ydcbs@ydcbs.com

电　　话：0433-2732435　　　　　　　传　真：0433-2732434

印　　刷：天津市天玺印务有限公司

开　　本：787 毫米 × 1092 毫米　　　1/16

印　　张：8.75

字　　数：200 千字

版　　次：2023 年 3 月第 1 版

印　　次：2024 年 3 月第 2 次印刷

书　　号：ISBN 978-7-230-04587-2

定　　价：59.00 元

前　言

身份认同是主体对自身的一种认知和描述。"身份认同感"这个词近年来逐渐被人们提及。一方面，身份认同感能够给我们带来骄傲和欢愉；另一方面，身份认同感也是我们力量与信心的主要来源。身份认同感有助于加强我们与他人，如邻居、同一社区群体、同一兴趣群体或者同一国公民之间的联系。对某一特定身份的关注可以强化我们与他人的联系，促进彼此的互助。比如，我们在日常生活中，将自己看作许多不同群体的成员且同时归属于它们——我们的公民身份、籍贯、职业、饮食习惯、运动爱好、音乐品味……都使我们归属于不同的群体。其实，身份认同早已为学术界所关注，众多学者对其内容进行了深入的探讨和研究。

本书简要梳理了认同的基本内涵、认同理论以及身份认同的相关理论，随后选取不同的社会群体，对其身份认同的相关问题进行了深入的理论探究。本书首先以一直以来享有较高社会地位的教师为对象，对其身份认同的内涵、必要性、价值与意义、影响因素以及发展进行了剖析，并从内、外等不同角度对教师这个群体的社会身份认同的构建进行了详细阐述。其次，基于当下新媒体环境对背包客这一旅游群体的身份认同进行了深入探究，具体包括新媒体环境下该旅游群体的基础概念和传播符号，进而探索出新媒体环境下该旅游群体身份认同的构建。再次，以滑板运动群体这个亚文化运动群体为例，对该群体的风格和身份认同构建进行了详细探索。最后，本书聚焦于社交媒体时代的老年群体，对该群体的概况和发展，以及社会身份认同的构建进行了全面的分析。

身份认同对一个人或一个群体来说都非常重要，它决定了人们和自己的关系，也决定了人们和他人的关系，同时深刻影响着人们对于生命和生活的体验。完成身份认同，就像一个破茧成蝶过程，是一个对社会、文化、自我的解构以及重建的过程，只有建立了比较充分的身份认同感，才能让人们遇见更好的自己，体验生活的美好。

CONTENTS 目录

第一章 身份认同概论

第一节 认同的基本内涵

一、认同的提出

科技进步大大拓宽了我们活动的时间和空间，让我们享受到了更多的生活乐趣。自由、平等、和平已经成为这个时代的主旋律，人们分享着建立在人类长期不懈努力基础上获得的成果。然而我们就像不停旋转的陀螺，也出现了一些问题。

我们怎样面对这个世界？我们面对的是世界最好的一面，还是最坏的一面？每个人对此都有不同的答案。我们已经发明了太多的技术，这些技术在改变我们的生活，却不会改变我们内在的根本。我们也提出了很多管理理论，这些理论也只能在特定的环境下产生作用。

人类一直在寻找一种确切的理论，能够认清人类社会发展的规律，将个人和社会有效地结合起来。直到 18 世纪末，英国法理学家、哲学家、经济学家杰里米·边沁（Jeremy Bentham）的发现接近了这个目标，认为每个人的追求都符合"最大幸福"原理。这个原理认为，个人在追求自身最大幸福的同时，也在为社会创造利益，将个人和社会的对立变成了和谐合作。这个理论已经离合理的结果很近了，那就是我们要把自身和世界视为一体，并且要用行动表达出来。

截至现在，人类文明发展无论如何曲折，都是在向着好的方向前进，问题是，什么在引领人类前行？我们审视自己就能知道，引领我们前进的是美好的意愿。一部分人的意愿汇集在一起，形成某个组织的价值；所有人的意愿和组织价值汇集在一起，最终形成社会的文化。而当一定的社会文化形成之后，社会文化就会影响组织价值，然后通过组织价值影响个人意愿。个人、组织和社会交织在一起，互为因果，一起决定人类文明的发展。

是什么把我们联系在一起？是什么使我们了解到世界万物的道理？是什么让我们懂得谦让合作？是什么让我们克制自己的欲望？没有比"真、善、美"更为恰当的答案，只有"真、善、美"才能做到这一切。

当我们的善念和美行得到回应，我们和其他人的意愿一致，就会形成组织。在组织中，多个人的行动汇集起来就是组织制度，多个人的思维结合起来就是组织结构和流程，多个人的意愿结合起来就是组织价值。组织在结构和流程的不断优化下，实现了制度和价值的协调。

同理，在"真、善、美"的指引下，社会是一定范围内所有人的集合，因此，所有人的行动就成为政治，所有人的思维就成为经济，所有人的意愿就成为文化。对社会来讲，认同在经济不断发展变化中实现政治和文化的协调。

我们在"真、善、美"的指引下，从自身出发，逐步去连接我们身体之外的世界，实现个人认同、组织认同和社会认同，形成一个无所不在的网状结构，成为个人生存成长和组织建设的基本原则。

二、认同的要素

我们划分行动、思维和意愿的依据是什么呢？从全息理论来说，有人认为"心物一体"——作为精神的心体不过是作为肉体的本体的折射。古希腊著名思想家亚里士多德（Aristotle）认为，灵魂是生命的原则和动力，是身体的形式，灵魂和身体统一而不可分割。从唯物主义的角度看，这样的划分也是有道理的，物存则神存，物灭则神灭。早期的很多哲学家都持这样的观点，这也符合常识，毕竟没有人真正见过脱离肉体而存在的灵魂。

从一元论的角度看，我们看到的人是一个不可拆卸组装的整体，但是这似乎和我们的日常感觉也有一点差异。我们经常会感觉到身体和精神的分离，也就是自身内部的困惑和矛盾导致我们无法协调自己的意愿和行动。如果不进一步加以剖析和总结，我们就不能更加深入地认识自己。

和亚里士多德的一元论不同，西方现代哲学奠基人、法国哲学家笛卡尔（Descartes）认为，所有物质的东西都不过是机械规律所支配的机器，人体也是如此，但是在人的身上，除了机械的世界外，还存在着一个精神世界。精神影响着肉体，肉体又反作用于精神，两者相互影响。

二元论比较接近我们的日常感受，我们一方面期望自己做一个高尚的人，另一方面又难以抵抗物欲的诱惑；一方面希望自己拥有健康的体魄，另一方面又管不住嘴、迈不开腿。一个人的成长过程，基本上就是肉体和精神之间博弈的过程。

在持一元论的人看来，人是不可分割的，似乎肉体的减少并没有直接带来精神的丧失。

肉体和精神二元论的划分方法是一个最为简洁的划分方式，毕竟每个人都能够感受自身在肉体和精神之间的冲突和矛盾，因此将它们一分为二顺理成章。通过精神的自我感知，能够确认自身肉体的存在，也可以通过身体的外部体验丰富自己的精神世界。

除此之外，还有第三种划分方法。《道德经》中说："道生一，一生二，二生三，三生万物。"中国人认为"三"才是构成丰富变化的源泉。身体的"一"产生了肉体和精神的"二"，肉体和精神之间的相互作用又产生了思维的"三"，因此可以将人划分为身体、思维和意愿。

笔者认为，身体、思维和意愿的三元划分法更加符合人类的运行机理。当我们的身体和意愿发生冲突的时候，是谁在担任协调者呢？思维应该是独立存在的。

作为认同理论的基础，我们把人的实际功能按照三分法进行划分，也就是身体、大脑和心灵。身体对应着人的外在行为，所谓的"听其言而观其行""知行合一"，都是围绕着人的行动来对人进行基本的判定；大脑对应着人的思维，思维是人类得以强大的源泉；心灵对应着人的意愿，"止于至善"是人类美好、向上的意愿。

一个人要对自身进行认识和分析，首先要有能力将自己的行动、思维和意愿区分开来，还要能够将它们再联系起来，知道我们生活中的事物哪些来自我们的意愿，哪些来自我们的思维，哪些来自我们行动的惯性。是否能够区分这三者，可以作为我们检验自身是否"活得明白"的一个标准，那种对这三者没有任何区分的生活，是无益于我们自身发展的。是否实现这三者的联系，则是检验我们对自身的认同程度的一种方式。

一般而言，身、心、脑三者的发展是不平衡的，我们需要用意愿来引领我们的思维，用思维来指导我们的行动，同时也需要用行动来探索和确认我们自身的意愿。从意愿到思维，从思维到行动，再从行动到意愿，就完成了一个认同循环。我们通过不断地完成认同循环来实现这三者的协调统一，克服由外在环境变化带来的认同缺失。

在现实生活中，当行动、思维和意愿协调一致时，我们就能处于幸福的状态中，而人生的烦恼往往来自这三者的冲突和矛盾。个人的幸福感和认同彼此相关，所以实现认同是每个人都需要努力实现的目标，顺境中需要认同来推进我们的发展，逆境中需要认同来克服我们遇到的困难。

三、认同的内涵

人作为一种高级生物，进化得如此复杂，以至于自己和自己并不是那么容易达成一致，经常处于选择障碍和矛盾中。能不能对目标做出选择？又能不能按照自己的选择做出行动？人们经常处于"知行合一"的矛盾中。自己和自己尚且如此，与其他人实现认同就更加困难了。个人和组织的关系尤为复杂，经常是"爱恨交织"的，离开组织自身生存有困难，和组织在一起又觉得为难。

所有这一切，都是因为我们忘记了自身是宇宙中的一个碎片，忘记了外部世界和我们同源同宗。无论我们对未来有多少疑惑，只要回顾历史，我们就不得不承认人类总体是在进步的，这是人类整体的胜利。这种胜利来自人类内心对"真、善、美"的追求，更来自实现认同后人类对"真、善、美"的表达。

认同就是将世间万物看作一个整体，在"真、善、美"的指引下，从自身意愿出发，用行动实现和外部的有效连接。"真"基于我们主体对客体的认识和理解，只有在真实思维的指导下，我们的行动才能表达我们的意愿。"善"是一种温顺和善的态度，是我们与生俱来的一种能力。我们要实现万物一体，就要善待我们周围的一切，哪怕是食物，也是我们需要善待的对象。"美"是"善"的实现形式，是一种外在的秩序，当我们的"真"和"善"遍布生活的每一个角落时，就形成了"美"。也就是说，基于我们内在意愿的是"善"，这种"善"经过我们思维的"真"转化成行动，就是一种将"善"变大的过程，也就是实现"美"的过程。实现认同的过程有以下几个步骤：

首先，实现认同，我们要认识真实的自己。这种真实需要基于理性的分析和判断，这需要思维的参与。思维在认同中起着对真实、真理和真相的求索作用，也是对自我的认识作用。没有"真"的存在，我们连"我是谁"这一问题都无法回答，更别说实现与其他人的相互认同。

其次，实现认同，我们要找到自己内在的"善"，这需要我们内在意愿的参与。无论是孟子的"性善论"、曾子的"止于至善"，还是王阳明的"致良知"，都是内在意愿对"善"的要求。只有意愿上的"善"才能使我们产生与其他人的良性互动，才能产生认同。

最后，实现认同，寻求"美"是我们的最终目的。万物之所以成为一体，是因为有秩序，这种秩序不仅存在于人类的行为上，还存在于世间万物中，甚至存在于浩瀚的太空中。没有行动上的"美"，就无法表达我们思维上的"真"、意愿上的"善"，无法展现我们完美的自己。

从个人的角度来讲，认同就是在思维不断求真的过程中，将个人意愿上的"善"转化成行动上的"美"。认同是基于人存在的，一样也存在于人类的组织和社会中，只不过是人数多少的差别而已。站在组织的角度来看，众多思维求真就是一种相互寻找自身定位的过程，最终形成组织的结构和流程；众多意愿求善就是一种相互寻求内心支撑的过程，最终形成组织的价值理念；众多行动求美就是一种相互寻求外部均衡的过程，最终形成组织的制度。如同思维在意愿和行动之间的作用，在组织结构和流程不断求真的过程中，组织价值上的"善"也会转化成组织制度的"美"，也就是实现组织认同。站在社会的角度来看，在社会经济规律不断求真的过程中，将社会文化的"善"转化成社会政治的"美"，也就是实现社会认同。

　　个人认同从根本上说就是在思维的不断观察、反思的过程中，实现行动和意愿的协调一致。内在意愿的求善是认同的根本，外在行动的求美是认同的标志，思维的不断求真是实现认同的保障。无论是对法律制度，还是对道德风俗，认同就是心甘情愿地去接受和实践，我们的行动体现的就是我们的意愿。

　　行动是一个人认同的外在体现，所有的认同只有通过实际行动才能表现出来，为外界所观察到。正如《利维坦》中所描述的机械人一样，不管一个人内在的心理状态如何，我们只能通过行动去判断他的内在状态。如果行动本身并非全部出自个人意愿，单纯的行动也不能被定义为认同，就如同我们不能说精密车床实现了认同一样。

　　只有在个人意愿的引领下，认同才会真实地展现出来。而行动和意愿之间的协调并不是自然实现的，需要思维的协调平衡，因此，思维在认同中承担着推动作用，也就是王阳明所说的"格物"的作用。

　　实现个人认同就是在思维求真的指引下，对各种关系的一种梳理。换一个角度，从思维的关注度来讲：在自身内在各要素的关系上，主要是求真，实现自我的安定和幸福；在自己和组织的关系上，主要是求善，实现组织的有效运行；在自己和社会的关系上，主要是求美，构建和谐公平的秩序。

　　从可见性来讲，外部的认同环境就是促使我们在不同状态之间转化的能量。当外部促使我们采取行动的时候，我们的行动就会形成新的意愿；当外部影响我们的意愿时，我们的意愿就会形成新的思维。就如同能量只会转移，不会消失一样，我们的行动、思维和意愿也不会凭空消失，会以另外的状态保存下来。从这个意义上说，身、脑和心的认同是一个内部循环，我们称之为"个人认同"。

　　王阳明的心学认为，人只要能够"致良知"，复杂的外部问题就可以迎刃而解，但人不是生活在真空里的，并非所有人都能实现"致良知"，所以个人认同要受外部认同环境的极大影响。不同人的行动难免会出现实质上的冲突和碰撞，所以需要通过制度来进行协调。制度是一把双刃剑，我们在利用制度改变行动时，行动同样在影响和对抗着制度。

　　组织结构是所有人思维的总和。组织中的每个人都有自己的思维方式，这些思维方式都是个人求真的结果，需要通过一定的形式将这些思维方式组合起来，发挥其最大价值，这个组合就是组织结构和流程。把不同的思维方式放在不同的位置上，通过一定的组织流程连接起来，形成一种有机的结构。组织的结构和流程就像一个容器，我们的思维被放置在容器的不同位置上，会随着容器的结构、形状发生变化。

我们经常会听到一句俗语——屁股决定脑袋，是指人在不同的位置上，会有不同的思维方式。一个组织的结构和流程怎样塑造，每个环节分别选择什么样的人来执行，既是组织和个人相互选择的结果，也是组织和个人相互适应的结果。思维像水一样自由流淌，组织需要通过一定的结构去规范和引导思维，但是又不能过度僵化，影响思维的正常运行。

组织价值主要对应着个人的意愿，是组织中所有人意愿的总和，组织通过价值来调节和影响个人的意愿。个人意愿既难以捕捉，又无处不在。组织的价值就是每个人意愿的组合，不同的意愿形成了统一的组织价值，因此组织价值是组织成员共同意愿的混合体。

由于一个人和一部分人的行为方式有一定的区别，因此组织价值是组织成员意愿的最大公约数，与个人意愿存在一定的不同之处。正如王阳明所说的"有善有恶意之动"，个人意愿中一定有善意存在，但并不一定都是善意，也有追求快乐原则的本我存在。组织价值为了整合大多数人的意愿，必须知善知恶、为善去恶，树立良好的意愿，摒弃不良的意愿。这个过程既是组织价值的形成过程，也是组织成员的筛选过程。

社会认同和组织认同一样，不过其三个要素更加宏观，分别是政治、经济和文化，分别对应着个人和组织对"真、善、美"追求的三个要素。价值观念和利益追求，通常可以被理解为对"美"的追求，即对更高层次的价值、道德、社会秩序或个人利益等方面的追求。因此，所有人的行动和所有组织的制度都在一定程度上受到对"美"的追求的影响，而政治则是这种影响的一种综合体现。政治制度的形成和发展，既受到历史和社会环境的影响，也受到个人和组织对"美"的追求的影响，最终汇集成为一种对社会权力和资源的分配和管理的方式。所有人的行动和所有组织的制度通过对"美"的追求汇集起来成为政治，政治通过组织制度和个人行动的规范影响个人。政治作为所有人行动的集合，在不同的组织中，对不同的人有着不同的影响，使人们出现不同的反应。

经济制度的形成和发展，既受到历史和社会环境的影响，也受到个人和组织对"真"的追求的影响，最终汇集成为一种生产、分配和消费物质财富的方式和体系。所有人的思维方式和所有组织的结构流程在求真的过程中汇集起来成为经济，经济通过组织结构和个人思维的规范影响个人。在同样的经济环境下，由于组织位置和思维方式不同，每个人真实的感受也不尽相同。具有竞争力的思维方式，更容易使人获得组织中的有利地位，而具有结构流程优势的组织，更容易获得经济上的竞争力。

所有人的意愿和所有组织的价值在求善的过程中汇集起来成为社会文化，文化通过组织价值和个人意愿的规范影响个人。个人意愿和组织价值及它们所形成的社会文化密切地联系在一起，难以清晰地辨别和分割。相对于有形的政治和经济，文化对于"善"的追求，更能使人类形成一体，忘记身份和环境的差异。

社会文化会影响经济模式选择，经济最终也会对政治产生影响，而政治在一定情况下也会对社会文化产生反作用，这三者之间存在一个循环过程。在经济的协调下，政治和文化达成统一，构成了一种社会认同。

四、认同的特征

认同虽然说起来很简单，但是真正做到却很难。各种各样的利益纠结，使我们将意愿和行动的背离看成一种策略，把自身短期利益等同于正确的选择。当我们反省时就会明白，这种行为属于行动上接受、意愿上拒绝，不能算是完全的认同，只是一种变通的认同，只遵守对自己有利的规则。

那什么算是真正的认同呢？我们必须基于"真、善、美"的标准，看意愿和行动之间是否保持一致，才能判断是否实现了认同。认同是一种基于真诚意愿的表达，如果没有思维真诚地连接，意愿和行动之间就剩下两种选择：缺乏思维连接和思维虚假连接。

首先我们来看缺乏思维连接的意愿和行动。当我们没有经过思维的连接时，我们的行动就不能表达我们的意愿，也就是说，我们会呈现出一种矛盾的行动状态，别人无法根据我们过去的行动来预判我们接下来的行动。儒家思想讲究"五常"，即"仁、义、礼、智、信"，其中的"信"就是可靠、可依赖，所以说"民无信不立"，一个人如果得不到别人的信任就无法在社会上立足。这种"信"的缺乏可能并非出自本心，而是一种无意识的结果，但是却会对别人的认同造成直接的不良影响。

与没有连接相比，思维对意愿和行动的虚假连接更为可怕。如果一个人的意愿和行动长期得不到真实的反映，会对其内心产生极大的伤害。同时，长期的虚假连接必然会被外部发现，曾经建立起的认同必然会瓦解。

建立认同是一个由内而外的过程，缓慢而艰难。在面对认同时，人们存在四种不同的表现：不接受不追随（反对者），不接受但追随（伪装者），接受但不追随（旁观者），接受且追随（认同者）。

不接受不追随（反对者）：当社会政治或者组织制度相对宽松的时候，有人表现出对人或事物不认同，并且不隐藏自己的观点。我们对很多事情表现出来的都是这样的状态，这使我们在大千世界里形成独特的思想和行为。在宽松的社会政治或组织制度下，反对也是一种认同的表达方式，大家都反对的往往是法律禁止的或道德不提倡的。如果大家对组织或社会鼓励的行动采取与己无关的态度，置之不理，那么组织和社会认同就会受到很大的威胁，组织或社会必须要做出改变。

不接受但追随（伪装者）：有人虽然不认同社会政治或者组织制度，但是基于组织和社会的压力，或者经济利益的驱使，不得不做出违背自己内心的行动，为了外部的"美"，损害内部的"善"。很多法律、道德或规则并不符合每个人的心意，但是为了融入某个组织或社会，人们不得不违心地去采取行动。虽然组织和社会的秩序得到了保障，但是容易造成士气低落，离心离德。这种情况必须要有强大的经济利益吸引或惩罚震慑作为保障，才能使人性中伪装的一面得到转变。

接受但不追随（旁观者）：有人虽然在意愿上接受社会政治或者组织制度，但是没有行动，只有内在的"善"，没有外在的"美"，缺乏足够的勇气和动力去采取实际的行动。很多时候，由于外在压力或自身惰性，人们并不能想到就做到，只是袖手旁观。旁观者的心态非常矛盾，患得患失，他们不但需要提高自身的认同力，也需要组织和社会对他们提供支持和保障。

接受且追随（认同者）：行动和意愿的统一，这是真正的认同，是内外一致的表现。认同产生的能量是一个组织或社会运行的动力，为组织和社会实现认同提供了保障。

从外在表现看，我们会看到认同者和伪装者有一样的行动，但是伪装者会承受内心的折磨，他们有的因为时间而逐渐放弃伪装，有的因为内心的折磨而退出行动。当然也不排除，有的人会逐渐从行动的追随转变为内心的接受，这使认同的队伍变得更加复杂。

在没有采取行动的人当中，也存在着不同的情况。但是因为他们没有行动，其内心是否认同并没有带来现实的影响，不会影响认同队伍本身的力量。而他们作为旁观者，其自身也在承受着一定的压力，这主要来自意愿和行动之间的冲突，这些人往往会成为生活的失败者。

五、认同的思想渊源

认同源于心，见于行，《礼记·礼运篇》中说："大道之行也，天下为公。"几乎所有的人类文化遗产，都是围绕着建立人类认同而存在的。有人类社会存在就有认同，认同思想最重要的来源是"以人为本"思想，也就是把"真、善、美"作为人的核心。我们将人、社会和世间万物看作一个整体，我们就是整体的一个碎片，平等地存在于宇宙之中。

我们把世界万物看作一个不可分割的整体，把对"真、善、美"的追求也看作一个不可分割的整体。当我们在思考中求真时，就会发现我们的强大不是源于自身，而是源于人类整体。我们拥有的一切都有赖于人类的合作。

我们所有的社会制度和所有的组织形式，都是基于"善"而存在的，充满恶意，就无法形成有序的组织和社会。人类基于"善"所建立的社会，是为全人类服务的，而不是为某个特定的人或者组织服务的。在个人认同层面，一切以人为核心，以"真、善、美"为核心的思想都是认同的来源，一切与人的利益相违背的思想都是认同的阻碍。这里的"人"，指的是每一个不分高低贵贱的个体，而不是抽象的概念。

在人本思想的基础上，对中国文化而言，认同可以联系到周易理论，而在西方则可以联系到哲学理论。这些理论虽然没有直接表现出认同的具体形式，但是其精神内核和认同思想非常贴切。在中国周易理论和西方哲学理论的发展过程中，都体现出了认同的特征，甚至在认同领域出现了融合发展的态势。

易经讲究"简易、变易和不易"，万事万物遵循的是"简易"的道理和规律，也就是统一的规则和制度，这些规则和制度都是一种美的体现。春夏秋冬，寒来暑往，自然界不会因为某个人或者某个组织而制定或采取不一样的规则，否则就不是"同"，更谈不上认同。

在统一的道理和规则中，易经还强调"变易"的思想，也就是万事万物都处在不断变化的过程中，体现的是一种"真"。每一个个体从出生到衰老，直至死亡，无时无刻不在发生着变化，这种变化也在改变着人们的认同形式和内容。个体的认同随着年龄的增长而有所变化，当意愿发生变化时，就会带来思维的变化，从而影响到实际的行动。

每一个组织也要适应不同的环境变化，需要不断修正自己的组织方式和结构，以实现制度和价值之间持续的认同。一旦认同就亘古不变的观点是错误的，个人和组织都需要不断进化，以实现自身和组织的认同。

也有一些认同的内容是"不易"的，也就是那些不可或缺的人性，体现着"善"，如对于自身意愿的追求，对于组织价值的体现，对于社会文化的延续，对于外部环境的适应。这些"不易"的内容，使人们愿意为了实现认同而努力提升自己，也愿意为了整体和长远的利益而放弃局部和短期的利益，从而不断提高自己的认同层次，实现法律、道德乃至文化的认同。

简单说来，作为认同的基础力量，政治、制度和行动应该遵循"简易"的原则，不能使人无所适从；作为认同的实现手段，经济、结构和思维应该遵循"变易"的原则，要根据环境的变化而变化；而作为认同的引领力量，文化、价值和意愿应该遵循"不易"的原则，形成社会道德信仰。

西方哲学注重人的自我精神，尤其是市场经济理论，其本身就是认同的产物，它遵循平等性、竞争性、法制性和开放性的原则。个体在一定的规则之下，按照自身利益最大化的行为，通过创造所在组织的价值，实现社会利益最大化的结果，这本身就是人类认同的一大创举。无论是在东方还是在西方，市场理论都是人类社会运行的基本机制。

市场经济的存在不是为了扬善，而是为了限制人性中的恶。在现代社会制度下，民众层面通过市场实现价值的交换，进而实现社会的正常运行。虽然市场也有它自身的缺陷，但目前它对于社会运行机制来说还是不可或缺的。

在市场经济下，无论市场交易的主体是谁，大家都是平等的。这种市场上的平等交易地位，决定了人们的人格独立，也就为个人认同奠定了基础。如果一个人的价值和交易行为被他人所左右，这个人也就失去了对自我的控制能力，无法实现自我认同。

六、认同的价值和意义

人类的文明史始于文字的发明，在时间上最早不过七八千年，这七八千年只占人类史的百分之一而已。作为个人、组织和社会发展的指导，这些文明也积累传承了大量的思想著作。由于受社会发展阶段或其他因素的限制，很多思想在现在看来有一定的局限性。

认同理论希望能够在三个方面对人类社会的良性发展起到一定的作用：一是实现个人认同，提高个人的生活质量和幸福指数；二是实现组织认同，优化组织的治理结构和提升运行效率；三是实现社会认同，促进社会公平和可持续发展。

个人认同是个人生活质量和幸福指数的基础指标，如果没有个人认同，所有的财富、权力和名望都是没有意义的。在"真、善、美"的基础上，遵照自己的意愿，丰富思维，采取行动，将三者形成一体，从而获得自身的生存和发展，这是一个人的基本权利。我们有幸生活在这样一个转折的时代，自由选择人生的道路成为现实。

在个人认同三角中，行动、意愿和思维形成的三角形的面积越大，"真、善、美"带来的回报越大，个人的认同度越高，越能获得自身的幸福感。

思维层次与我们认识自我、组织和社会的能力相对应，其深度分为三个层次，是一个逐步深入的过程。这种深入的过程，就是实现"知行合一"的过程，也是一个在意愿引领下不断提升自己认同能力的过程。

每个人的思维首先追求的是自我的满足，就像本我要满足自身的快乐，这种满足的关键是建立一种身心和谐一致的转化关系。自身的意愿通过思维得到顺利的转化，形成符合意愿的行动，行动的满足又产生了更高的目标，又会转化为自身的意愿。个人在这个过程里获得了安定和满足，自然也就获得了幸福感。

就像我们希望父母能够开心，这是我们意愿中的"善"，这种"善"是发自内心的。当我们没有认同作为指导思想的时候，我们的行动并没有连接到内心的意愿，不知道什么是"美"。所以有些时候我们的行动能让父母开心，有些时候却会让他们不开心。当我们的意愿和行动建立起连接的时候，我们的思维层面就通过两者之间的联系去寻求规律，也就是寻求"真"的帮助。当我们再采取行动的时候，我们就可以将内在的"善"转化为外在的"美"，从而使父母开心。

当我们满足了"小我"的要求之后，才能打开思维的大门，扩大我们认同三角的面积。在认同思想的指引下，我们首先要基于内心的"善"，也就是如何与其他人进行连接，建立起相互认同的关系。这时候我们就应该从"我善我美"转化为"人善人美"，意愿驱使思维继续下沉，寻求与其他人的连接。意愿通过思维转化为让其他人满足的行动，使我们的"善"得到他人的认可，建立起牢固的组织结构。我们自身的利益得到更大程度的保障，降低潜在的风险，形成以共同意愿为核心的组织价值。这时，个人认同开始向组织认同发展，通过自身意愿和组织价值的连接，个人思维开始转化为组织的结构层面，自身的行动也会带动更多人的行动，扩大认同三角的面积，形成更高层次的认同。

在思维下沉的第三层次，我们连接的已经不再是社会局部，而是向整体发展；不再着眼于短期的利益，而是向长期利益发展。这时候的个人意愿不仅与组织价值接轨，而且与社会文化接轨。个人思维穿越组织的结构和流程，直接作用于社会的经济层面，去推动经济的整体发展。个人的行动也不再局限于局部的制度建设，而是面向全社会的政治治理体系，形成社会认同。

通过个人认同三角的运行我们可以看到，个人实现认同的过程，就是一个从"小我"到"大我"的过程，是从"我善我美"到"大善大美"的过程。在个人自我满足和成长的过程中，实现组织和社会的发展，因此，认同的意义在于将个人、组织和社会的发展有机地结合起来，共同成长。

个人认同是一个自然的过程，既没有上限，也没有下限。哪怕风餐露宿，也能获得心灵的安宁和行动的畅快；哪怕日理万机，也能体会到自我奉献的快乐。个人认同的好处就在于我们可以随时开始，也可以随时停止，每一个时刻都追随自身的思想和行动。

认同思想既是心灵的归宿，也是人生进步的号角。追求认同绝不是自我的懈怠，而是一个愉快的征程。在这个过程里，我们不断地学习、反思，去帮助别人进步，去带领组织发展，去促进社会公平。

个人认同是组织和社会认同的基石，它为组织培养合格的成员，也为社会培养合格的公民。在一个组织或社会里，认同者越多，这个组织或社会就越有竞争力和吸引力。相反，如果一个组织或社会中充满了不认同的个体，那么这个组织或社会将会变得不和谐。

认同理论是对个人、组织和社会都有利的理论，是适用于个人、组织和社会三者之间的统一规则。无论是认同型个人，还是认同型组织、认同型社会，任何一方面的实现都会给另外两方面带来实惠。我们在一个洁净的环境里就不会轻易扔垃圾，我们在一个安静的环境里就不会喧哗。人人都不乱扔垃圾就会创造一个洁净的环境，人人都不喧哗就会创造一个宁静的环境。

如果没有个人认同的支持，在现行的组织结构中，由于职能分工的存在，很多人已经成为自身岗位的附庸，无法站在组织价值的角度去思考和行动。组织因为价值的缺失，导致组织制度和结构都失去了方向，也就无法为个人和社会提供优质的服务。形成认同型组织之后，组织的价值得到了结构和流程优化的有力支撑，组织制度和组织价值成为一体，落实组织制度就是落实组织价值，这样的组织才会有持续的生命力。

社会认同的缺失比组织认同的缺失和个人认同的缺失更可怕，因为它将直接改变社会政治文化氛围，影响组织和个人认同的存在形式。

实现认同之后，无论受到多大的阻碍或者伤害，认同型个人都会坦然接受，因为认同型个人具有自我调节的机制；无论有多么强大的实力，认同型组织也不会去破坏社会环境，因为它们要保障自己对外部环境的认同；无论遭受多大的灾难，认同型社会也不会屈服，因为这样的社会有着共同的价值观念和信仰。这就是认同的意义。

第二节　认同理论概述

认同理论充分吸收人类发展的各项文明成果，把社会运行的宏观过程和个人生活的微观过程结合起来，是一种跨越多个学科思想体系的个人哲学、组织方法和社会形态。认同是在万物一体的原则上，个人、组织和社会对于"真、善、美"的实现过程。

认同理论中有九个指标，分为三组，分别是：社会层面的政治、经济和文化；组织层面的制度、结构和价值；个人层面的行动、思维和意愿。这九个指标在三个认同三角上相互作用，形成了不同层次的认同。

一、一个原则

认同理论的前提是世界是一体的，遵循万物一体的原则。宇宙中所有的物质都是能量的体现，都是同源同宗的整体。地球上有 200 多万种动植物，其中动物有 150 多万种，植物大概有 40 万种。人类虽然为万物之灵，但也只是其中的一个物种。无论是肉食者还是素食者，都要依托其他物种的存在而存在，不能作为独立的物种生存。人类的过去、现在和未来都要遵循一个原则，就是要允许一个多样性的世界存在，我们称这种多样性的世界为认同世界，称这种多样性的原则为认同原则。

整体意识使我们的身体更加敏锐地感受到环境的变化，体会到生命的美好，沉浸于自然世界中；也使我们的大脑更加清晰明了地记录生命的历程，筹划自身的未来路径，获得对生命的信心；更能使我们认清自身的意愿，了解自己的喜怒哀乐，获得生命存在的意义。尤为重要的是，整体意识使身体、大脑和心灵形成一体，获得持续而可信的幸福感。

在认同原则的指引下，人类的强大在于整体，个体需要依托整体而存在。每一个个体都是不同的，一部分个体通过一定的联系，形成一定的群体，我们称之为组织。所有个人和组织又经过一定的外部联系，形成一个更大的生存空间，我们称之为社会。我们应该承认，个人和个人是不同的，组织和组织是不同的，社会和社会也是不同的，只有承认不同，才会有相互之间的认同。

个人的力量是非常有限的，即使实现个人认同，也需要有良好的组织和社会环境的保护。从这个意义上说，个人认同并非个人的事情，当外部环境出现问题的时候，我们也需要积极参与组织和社会的认同建设。

社会认同经历了三个阶段：第一个阶段是以建立社会秩序为原则的农业

社会，在这个阶段，社会强调的是政治，组织强调的是制度，个人强调的是行动；第二个阶段是以社会发展为原则的工业社会，在这个阶段，社会强调的是经济，组织强调的是结构和流程，个人强调的是思维；最后一个阶段是以社会参与为原则的认同社会，在这个阶段，社会强调的是文化，组织强调的是价值，个人强调的是意愿。这三个阶段在人类社会中长期同时存在。

二、两个连接

认同是人内在"善"与外在"美"的连接。内在"善"的连接指的是指个人对自我内在价值观、信仰、特质等方面的认同。这种认同可以建立在个人对自我"善"的认知和体验上，如对自己优点的认同、对自己生命的肯定等。外在"美"的连接指的是个人对外部环境、社会和文化背景等方面的认同。这种认同可以建立在个人对外部世界的价值观和审美观的认知和体验上，如对美好事物、价值观和文化传统的认同。

"真、善、美"是我们思维、意愿和行动的原动力。认同思想来自人类为了自身幸福，对"真、善、美"本能的追求。"真"是大脑中人们思维对意愿和行动联系之间的求索过程，使我们认识真实的自己和世界，用行动真诚地表达自己的过程。"善"是我们内心意愿的人性反应，是我们不可磨灭的良知，使我们愿意和外部世界建立起和谐的关系。"美"是我们对万物一体思想做出的行动反应，用以表达我们内心的善意，使我们的行为符合外部世界的运行秩序。

"善"和"美"是同源的，都来自"真"，只不过一个在内，一个在外，互为镜像。在建立起整体意识之后，个人通过对"真、善、美"的连接，实现自我认同。实现自我认同会实现自身的平衡，进而从容应对外部环境的变化，不会因为成败得失而影响自身的幸福感，达到"我心光明"的境界。

实现个人认同不代表没有痛苦和烦恼，而是能够将这种痛苦和烦恼的过程缩短。没有人能够避免外在的痛苦和烦恼，认同是将这些问题分别交给行动、思维和意愿，通过三者的协调，能解决的尽快解决，不能解决的尽快接受。在缩短痛苦和烦恼的过程之后，人们更能够集中精力去争取幸福的生活，而不是一蹶不振。

个人的行动是受日常习惯支配的，需要通过不断的修身来进行改善。开始得越早，收获越大。组织制度和社会政治基本上也是按照这样的规律进行设计和运行的，因此修身是个人对组织制度和社会政治的适应过程。

个人的思维是受知识结构支配的，需要通过不断的学习来提升自身的思维方法。组织结构和社会经济规律也是符合自然和平衡规律的，因此提升个人思维会促进个人对组织结构和社会经济的理解。

个人的意愿是受自身欲望支配的，需要通过不断改善自身的心智模式来进行完善。构建组织价值和社会文化也需要满足和协调各种欲望，因此改善自身的心智模式能使个人更加符合组织价值和社会文化。

不同的个体通过意愿结合在一起，形成了具有不同价值理念的组织类型；不同的组织类型通过价值理念结合在一起，形成了不同文化的社会类型。个人追求的是幸福，组织追求的是高效，社会追求的是和谐。个人的幸福、组织的高效和社会的和谐的有机结合，就是个人、组织和社会之间的认同，这种认同形成了现代意义上的国家。

三、三个三角

（一）个人认同三角

个人对于幸福的追求有三个指标——行动、思维和意愿。行动是身体层面的，思维是大脑层面的，意愿是精神层面的，这三个指标构成了人的整体。行动是意愿的直接体现，也是意愿的反映；思维是行动和意愿的连接，思维越丰富，路径越宽阔；意愿是人实现幸福的动力，有意愿的人不会轻易认输，勇于克服一切艰难险阻。

（二）组织认同三角

组织也有三个指标——制度、结构和价值，分别对应着多个人的行动、思维和意愿。制度是组织的基础，没有制度保障的组织是混乱的，很难确定组织的边界，更难以规范组织成员的行为。结构是组织运行的内在逻辑，也是组织实现内部流程的保障，向下承接制度的落实，向上保障组织价值的实现。价值是组织存在的意义，也是组织内部成员形成统一力量的引导，决定着组织在社会中的地位，价值理念更高尚的组织具有更强的生命力。

（三）社会认同三角

社会对于公平的实现有三个指标——政治、经济和文化，分别对应着所有人的行动、思维和意愿。政治是社会秩序的保障，决定了社会组织和成员能力的高低，是社会公平的调节器。经济是社会运行的核心，主导着社会各阶层的生存发展方式和思维方式，是社会发展的推进器和协调者。文化是人类社会长期发展的传承基因，是人类生存发展的稳定器，有文化传承的社会不会消亡，文化在漫长的时间里对人类社会进行规范。

认同过程是由意愿中的"善"发起，通过思维不断求真，将真实的意愿传递给行动，由行动完美地表现出来，再反馈回意愿，最终形成一个个人循环过程。如果个人意愿基于组织价值而产生，那么在思维求真的过程中，就要根据个人在组织中的结构，将自己的行动表现出来，达到组织制度的要求，再由组织制度反馈给组织价值，最终形成一个组织循环过程。如果需要达到社会认同层次，那就要将自身意愿的"善"扩大到整个社会，基于社会文化的指引，通过经济规律的连接，使个人行动符合社会政治的要求，最终形成一个社会循环过程。

组织的领导者作为个体，既具有自己的个人意愿，也肩负着形成和维护组织价值的职责，因此组织领导者的个人意愿和组织价值应该保持一致。当组织领导者的个人意愿和组织价值出现明显背离时，领导者就无法引领组织的发展。当社会文化对组织价值影响强烈时，组织的领导者需要引导组织价值向社会文化倾斜，以维持组织在社会中的存在。

组织中的个人出于自身成长的需要，应该使自身的行动和组织制度相匹配，使自身的思维和组织结构相匹配，使自身的意愿和组织价值相匹配。这种使个人指标和组织指标相匹配的过程，就是对领导者的培养过程，既是个人在组织内成长的过程，也是组织团队建设的过程。

从个人认同到组织认同是一个层级上的飞跃，个人在获得组织认同的同时，需要在个人认同的指标上做出一些牺牲。这些牺牲是组织中的某些成员为了成为组织领导者所必须付出的代价，而不是组织中的普通成员需要付出的代价。

当组织和社会领导者确定以后，为了保持组织认同和社会认同，组织通过组织制度、社会通过社会政治来对领导者进行必要的限制。当一个组织的制度越完善、一个社会的政治越成熟时，领导者的个人认同和组织认同、社会认同之间的联系就会越紧密。当制度和政治完全固化时，组织和社会也就失去了应有的环境适应能力，需要通过调整组织结构和社会经济来进行改善。

四、九个指标

（一）行动

个人行动是外在美的直接表现，也是检验是否实现认同的基本方法。无论一个人号称自己的认同层次有多高，只要看他的行动就能得出清晰的结论。无论从哪个层面来看，都需要给踏实行动者以掌声和激励，因为保护他们就是保护认同的基础。

（二）思维

个人思维是内在求真的保障，如果没有一定的思维能力作为指导，行动就不能达到应有的效果。思维虽然不能被直接观察到，但是会通过更有效的行动体现出来。思维不是凭空产生的，需要通过不断的观察和内省来实现，也需要与不同的思维进行交流，以产生更加全面的思维视角。

（三）意愿

个人意愿是善念的起点，是认同的内在源泉和动力，是个人幸福感的归宿。意愿中的"善"是人与生俱来的一种能力。由于个人意愿的存在，我们不需要外部的指引就能知道善恶，就能找到自身的发展方向，获得内在的满足。

（四）价值

组织价值是从个人认同到组织认同的关键，代表关注点从自身转移到组织上。这一步主要是寻求个人意愿和组织价值的一致，只有两者一致，才能使个人在工作中以组织利益为首要任务，在两者出现冲突时，个人意愿为组织价值做出适当让步。

（五）结构

组织结构将组织价值通过结构和流程固定下来，使组织价值渗透到组织中的每一个岗位，并将这些岗位有机地联系起来，灵活地应对外部环境的变化。关键是组织结构围绕组织价值，形成跨界解决问题的能力，通过自身结构变化去提高组织效率。

（六）制度

组织制度将组织结构和流程用规则（法律、法规等）进行规范，使组织整体形成一套可预期的行动方式。无论何种认同层次的人，都要同样遵守组织制度，保证组织的基本运行。组织制度作为行动规则，只能对个体的身体进行规范，因此组织制度是组织运行的底线，并不能保证组织成员都能够积极完成组织价值。

（七）政治

社会政治是组织认同转化为社会认同的关键，代表关注点从组织转移到社会层面上，也就是说，组织制度和社会政治应该保持一致。当组织制度和社会政治运行出现不符时，组织制度必须进行调整，以满足社会政治的需要。从组织领导者向社会领导者转化，必须站在更广泛的利益上规范自身的行为，包括自己所领导的组织的行为。

（八）经济

社会经济是政治运行的基础，社会政治一定要建立在社会经济的基础上，使社会整体得到发展和提高，才能建立起社会认同。而经济的发展需要激发组织结构和个人思维的活力，实现全社会力量的整合。

（九）文化

社会文化是实现认同的最后一步，也是认同的最高境界，它将组织价值和个人意愿统一在一起。虽然个体有不同的意愿，组织有不同的价值，但是却能够相互依赖，相互支撑。通过文化认同，将各种力量有机地结合起来，能够应对各种环境变化形成的挑战。

如果说政治是一个庄园，那么经济就是一片田野，而文化则是整个自然环境。所有的粮食都要进入庄园，在庄园里进行分配，而粮食却是在田野里生长和收获的，自然则是田野存在的必要环境。只有自然、田野和庄园相互协作，人们才能享受丰收的喜悦，这种协作就是认同。

五、三种类型

分别站在个人、组织和社会不同的角度看认同，我们就得到了认同型个人、认同型组织和认同型社会三种形态，正如亚里士多德提出的三层分析法，分别代表了一个人、一群人和社会的认同状况。一个人用意愿上的"善"，通过思维上的"真"，获得行动上的"美"，我们称之为认同型个人。一群人通过不同意愿形成共同价值，通过不同思维形成共同结构，通过不同行动形成共同制度，成为一个整体的组织，我们称之为认同型组织。所有人通过不同意愿和价值形成文化，通过不同思维和结构形成经济，通过不同行动和制度形成政治，成为一个整体的社会，我们称之为认同型社会。

认同型个人是指实现了行动和意愿统一的个人，意味着能够接受万物一体的概念，个人行动所代表的身体、思维所代表的大脑以及意愿所代表的心灵，实现了协调一致，善念在真诚的思维作用下成为外在的美德。在生活中，自己所做的恰恰是自己所喜欢的，自己所喜欢的又恰恰是自己所做的，依据自己内在意愿做出行动。

认同型个人的认同起点是自己的善念，也就是自己内心所产生的意愿，这是认同的最核心因素。这种意愿给了我们最初的信心，使我们愿意去弘扬它。我们从内心发掘自己的意愿，然后通过意愿的指引，用思维去真诚地认识自己，做出基于意愿的行动。

在自我的世界里，人生而平等，但是在具体的世界中，每个人扮演着不同的角色，从事着不同的职业。这些职业如果能够和我们的意愿和能力相匹配，我们就能获得融入整体的幸福感；如果不相匹配，我们就会调整自己的思维，或者改变自己，或者选择离开。在不同的社会分工中，个人都有自己的快乐和烦恼。所以把自身意愿和行动协调好，从而增进自身的幸福感才是最重要的。

在意愿和行动之间，我们通过自己的理性思维来协调两者之间的关系，区分善恶美丑，是通过思维下沉，实现我们对"真"的求索过程，也是实现我们自身不同认同层次的过程。根据思维下沉的层次不同，我们可以得到"真"的不同层次：对自身的"真"——"我是我自己"；对外部人的"真"——"我是他人"；对全体社会的"真"——"我是整体"；甚至是对世界万物的"真"——"我是宇宙"。

这四个层次可以被简化为："无善无美，我善我美，人善人美，大善大美。"一个人和世界的互动就是从其如何看待世界开始的。我们自身的态度是一个起点，接下来就是外部世界对我们的反馈，以及这些反馈再引起我们自身的回应。从一开始意愿和行动之间没有关联的混沌状态，到思维积极介入，开始对"真"的求索，我们认识到我们自身、周围的世界和整体的世界，逐渐建立起自我认同的关联、组织认同的关联以及社会认同的关联。我们对真实的世界认识得越深入，就越能够将自身的善意传递给外部世界，成为整体美的一部分，个人也就变得越强大。

从个人角度来看，我们需要融入外部世界，形成一个完美的整体，就需要接受来自组织制度和社会政治的规范。整体秩序是社会存在的第一要素。从社会政治到组织制度，再到个人行动，需要严格遵守整体秩序，这是基础性的要求，否则将会受到一定的惩罚。制度是个人和他人行动互动叠加的结果，因此一定要规范自身行动，避免挑战组织制度和社会政治。虽然社会政治和组织制度是为了规范和保护个人，但是这种规范和保护是针对整体的，不一定符合每一个人的要求。所以说社会整体之美，不在于它的绚烂夺目，而在于它的有序运行。

社会在一定区域内是一个整体，将个人、组织和社会三者结合起来，我们就得到一个整体的认同结构。我们可以把社会整体看作一个鱼骨结构，政治、经济和文化是鱼头部分，是宏观社会的认同；制度、结构和价值是鱼身部分，是中观组织的认同；行动、思维和意愿是鱼尾部分，是微观个人的认同。

从鱼骨的纵向看，主干是经济、结构和思维，基于个人对真诚、真实和真理的求索，是认同实现的方法；鱼骨的左侧是政治、制度和行动，基于个人对秩序和完美的塑造，是认同的基础力量；右侧是文化、价值和意愿，基于个人对友善和团结的追求，是认同的引领力量；在中间"真"的连接下，左右两侧的"善"和"美"相结合，构成了认同。对于个人来说，就是良好认知引领下的知行合一；对于组织来说，就是良好价值引领下的制度与价值合一；对于社会来说，就是良好文化引领下的政治与文化合一。

政治是社会治理的强制性力量，它通过对人类社会财富和权力进行分配，对人的行动起到规范作用。政治表现在世界范围是一种秩序，表现在国家范围是一种治理方式，表现在组织和个人方面是一种利益分配形式。政治作为财富和权力的支配力量，既有随着人类发展而发展的普遍性，也有不同地理、历史条件下的独特性。

政治的直接表现形式为各种社会制度和组织制度，这些制度以强制性的方式规范着人们的行为。不同的政治体系决定了不同的制度形式，不同的制度形式又决定了不同的行为方式，所以政治体系直接决定了社会的面貌，我们可以从人们外在的行为观察到政治的运行。

政治是一种秩序的体现，反应的是一种完美的运行体系，所以政治运行力求精确，避免产生无意义的扰动行为。由于政治本身不产生财富，而只是引导财富和权力的分配，因此政治和它所衍生的各种制度在运行中应该尽可能地被简化，避免产生太多的运行成本，增加人们的负担。同时，社会政治应该尽可能地维护社会的秩序和公平，以抵消人们因为遵守制度约束而带来的自由损失。

经济在社会生产中对财富创造起着促进和分配的作用，有着自身运行的客观规律，是人类社会发展的核心力量。经济运行的核心在于生产交换过程中所形成的各种竞争，这些竞争促使组织和个人全力投入各种生产要素，从而形成巨大的社会生产能力，满足人类的各种需求。经济的分工、生产、交换、竞争等特性使人类社会的沟通交流成为必须，促进了政治和文化的发展。

经济生产的多样性促使人类必须形成一种天然的平等，以此来保障经济运行的合理性，否则，具有支配地位的个人或组织就会影响经济的正常运行。经济生产本身主要承担财富的生产和初步分配功能，不能承担财富的再分配功能。在经济生产中，一旦完全形成社会财富分配功能，将会对政治、经济和社会文化产生较大的影响，进而影响正常的社会秩序。

因对利益的追逐和竞争，社会产生了各类组织结构，这些组织结构根据自身的社会分工,逐步演化出自身与社会经济运行相适应的功能。在这些组织中,人类的思维方式自动向自身所在的结构位置靠拢,形成自己的思想,并影响自身的行为方式。由于人类物质文化需求发展越来越多样化,因此组织结构和个人的思维方式越来越多元化,这也是与经济发展相适应的,很难人为地进行调整,必须要对其运行规律给予必要的尊重。

文化是人类文明发展的载体,它存在于每个人的心中,是纠正人类偏离发展轨道的一种力量。文化本身不生产财富,也不分配财富,但是对人类财富的生产和分配起着引领作用。文化是人类生产进步的原因,也是人类生产进步的结果,因此,在政治经济的不同发展阶段,文化既是一种引领力量,也是一种均衡协调力量。

多元化的社会文化会形成不同的组织价值,这些组织价值都是社会文化主体的一部分,既相互区别,又相互联系,不会因为具体目标的不同而产生对立。组织价值直接影响着组织结构,同时也规范着组织中个人的意愿。社会文化、组织价值和个人意愿形成的引领力量,指导着其他方面的具体发展。

组织结构是多个人思维互动叠加的结果,因此个人思维要受组织结构和社会经济的影响。一个人在组织中的不同地位,不但决定了一个人的权力和责任,还影响着一个人的思维方式,也影响着一个人的决策方式。"不在其位,不谋其政。"职责和思维是结合在一起的,如果要某人承担某项责任,最直接的办法就是将其调整到合适的位置上。同理,社会经济发展阶段和运行模式,也影响着组织的结构方式,从而间接影响着个人的思维方式。从社会经济到组织结构,再到个人思维,这是认同的决定力量,也是社会发展的主要动力。

比如,在传统产业领域,为了提高经济效益,主要问题是提高效率、降低成本,因此,生产是关键部门,运作管理就是关键岗位,个人的思维会倾向于如何提高运行质量。而在新兴产业领域,主要问题是创新,因此,研发部门就会成为关键部门,科研人员会成为骨干力量,个人的思维会倾向于如何创造性地解决问题。一个人的思维与他在组织中的地位的匹配程度,决定了他对于组织的适应程度,也决定了组织对他的评价。而个人思维方式和社会经济发展的匹配程度,也决定了个人在社会发展中的价值和地位。

基于"善"的多人意愿互动叠加构成了组织价值,因此个人意愿必然受组织价值和社会文化的影响。一个人为了自身发展和强大,就要将自身意愿和组织价值相融合，争取得到组织的认可。组织为了自身的发展，也需要与社会文化相融合，这就形成了社会文化到组织价值、组织价值到个人意愿的纵向连接，成为实现认同的引领力量。在不同的组织和不同的社会中，个人意愿和组织价值也大不相同，这就形成了更加丰富的人类发展道路。

如果社会是一种开放的文化，那么组织价值就会倾向于多元化，包容各种不同的思想和意愿，个人也就愿意提出不同的意见和建议。反之，如果社会倾向于保守封闭的文化，组织价值就会趋向于单一和绝对化，个人意愿也很难得到充分的表达。

认同型个人虽然受组织和社会的影响，但是其核心还是个人认同的塑造，也就是行动、思维和意愿在"真、善、美"上的协调统一。根据个人认同发展的不同程度，个人可以通过参与组织或社会的管理，形成更高层次的认同；而组织和社会通过纵向连接来影响个人，个人也通过纵向连接将自己的意愿反馈给组织和社会，最终实现个人、组织和社会三者之间的认同。

认同型组织是认同型个人和认同型社会的中间体，承接个人和社会之间的联系，是宏观社会到微观个人的桥梁。组织主要有三个要素：制度、结构和价值。组织制度是组织的基本保障，任何组织都需要有一定的制度来保证组织的运行，也是组织最为直观的表现。在组织制度的另一面，是组织的结构和流程，这是组织运作的核心部分。要分析一个组织的形态，最为重要的就是看它的结构和流程。组织价值是组织存在的意义，一个组织通过实现自身价值来维持组织的生存。制度、结构和价值三者的协调统一，形成了认同型组织。

在认同型组织中，每个人通过组织结构协调自己的思维方式，参与组织的运行，通过组织价值调整自己的意愿，向着组织的目标方向，通过组织制度规范自己的行动，执行组织的具体要求。从组织价值到组织结构，从组织结构到组织制度，然后通过组织制度去影响组织价值，这样就形成了一个组织的认同循环。

当我们分析一个组织的认同程度时，我们需要观察组织价值、组织结构和组织制度三者之间的协同关系，认同型组织应该有着和组织价值相匹配的制度和流程。组织结构所起的作用类似思维在行动和意愿之间的作用，就是通过结构和流程的不断优化，实现制度和价值的结合，尤其是优秀组织价值的落实。

认同型组织通过制度来规范组织全体成员的个人行为，通过结构来汇集全体成员的个人思维，通过价值来引领全体成员的个人意愿。虽然组织的三个要素都会对个人产生影响，但是往往纵向式的直接连接更有效。比如，要改变一个人的思维模式，最好的办法是重新定位他在这个组织中的位置，而希望通过组织制度去要求一个人改变思维方式是非常困难的。

认同型组织是受社会环境影响的，也是社会认同的产物。一个组织的制度建设往往与一个社会的政治有着非常直接的联系，而组织结构和组织价值往往也受社会经济和文化的影响。所以说，认同型组织不但要实现组织成员的个人认同，也需要一个良好的社会环境。

认同型社会是认同的最高层次，需要实现政治（所有人的行动）、经济（所有人的思维）和文化（所有人的意愿）三者之间的协调。经济作为政治和文化之间的协调机制，起着与思维相似的作用，既能促进政治和文化的统一，又能保障优秀文化的落实。经济是社会认同的协调力量，政治是社会认同的基础力量，文化是社会认同的引导力量，三者作为宏观环境，从纵向影响着组织和个人。

经济主要承担着人类社会财富的生产创造工作，政治主要承担着人类社会财富的分配保障工作，文化主要承担着人类社会财富的传承和平衡工作。因为经济主要承担着财富生产工作，所以也就需要激发大家的积极性，通过组织和个人的分工合作来实现生产，这些分工合作就是将具体的组织结构和流程最终落实到个人的思维中去。政治承担着财富的分配保障工作，也就是通过各种制度去规范人们的行动，实现社会财富的有效分配。文化承担着财富的协调平衡工作，即利用文化特有的人性特点去协调、平衡无法用政治制度和经济结构来规范的领域，维护社会的认同。

从社会文化到社会经济，从社会经济到社会政治，然后从社会政治再返回社会文化，形成了一个社会层面的认同循环。我们基于人类的天性去创造和分配财富，又通过组织和个人的纵向认同，落实到具体的个人，形成既富有效率又兼顾公平的社会认同模式。

第三节　身份认同理论及研究

对身份认同概念的研究跨越了哲学、心理学和社会学等多个学科领域，不同的学科对身份认同有不同的理解，这里参照的理论基础是社会学的视角。早期的身份理论主要来自互动论，其主要代表人物有：美国心理学家威廉·詹姆斯（William James），美国社会学家和社会心理学家查尔斯·霍顿·库利（Charles Horton Cooley），德国社会学家、哲学家格奥尔格·齐美尔（Georg Simmel），美国社会学家、社会心理学家及哲学家乔治·赫伯特·米德（George Herbert Mead）。美国社会学家布鲁默（Herbert Blumer）将其进一步发展，并使其成为能够与功能主义学派、冲突论学派相抗衡的一派力量。在后现代各种理论流派中，社会学和心理学对身份认同的讨论较为深入，并为其他学科的讨论奠定了基础。社会学和心理学对身份认同的研究沿着两条路线展开，分别是身份理论和社会身份理论。身份理论主要是微观社会学理论，用来解释个人与角色有关的行为；社会身份理论是一种社会心理学理论，用来解释群体的认同和群体之间的关系，两者在 20 世纪 90 年代开始走向融合。这两种理论相互联系、互为补充，为文化身份研究提供了理论基础。本书主要介绍的是谢尔登·斯特赖克（Sheldon Stryker）的身份理论、乔治·麦考尔（George McCall）和拉里·西蒙斯（Larry Simmons）的角色坚持理论，以及肯尼思·伯克（Kenneth Burke）的身份理论。

一、斯特赖克的身份理论

斯特赖克的身份理论认为，人类社会行为是被周围（物质的和社会的）环境各个方面的象征性称呼所组织的,其中最为重要的称呼是人们在社会结构中所占位置的象征符号及关联的意义。与称呼紧密相连的是如何充当角色和如何处理好自己与他人关系的预期。个体有了称呼,就会产生如何行动的预期。而当明确了他人的身份位置时,就会产生引导他人角色行为的预期。人们有了身份之后,还能意识到更为广阔的参照框架和情景定义,并将自己作为客体,置于整个位置结构的关系之中。然而,人类行为并不完全由这种角色定位和情境定义所支配。人们在多大程度上可以摆脱角色定位和情境定义的规制,由较大的社会结构的类型而定。有的社会结构是开放的、有伸缩性的,有的社会结构是封闭的、机械的。但是,当人们面对面互动时,社会结构仍然对个体的所作所为起限定和规制作用。

身份是个体在不同社会背景中,与自身所占据位置相称的内在化,是连接个体与社会结构的关键纽带。身份有一个显要序列,显要性位置高的认同对个体的行为有更多的统合作用。在大多数情境中,人们需要调用多重认同,认同调用的灵活性受结构规制严格程度的影响。斯特赖克还指出,责任担当表明了个体与他人关系的程度取决于个体承担某种身份的程度。个体与他人的关系越是依赖于某一种认同的责任担当,这一认同越是在显要性序列中处于较高的地位。如果这一认同是基于更大的社会界定和他人的观念,个体就会产生与这些观念和界定更一致的行为。个体在某一场合给予这一认同的责任担当越多,则获得更多的自尊。当互动情境由于外部事件的侵扰而改变时,人们可能寻求新的认同。责任担当就会朝着那些反映新的价值观念的认同的方向改变。

二、麦考尔和西蒙斯的角色坚持理论

麦考尔和西蒙斯的角色坚持理论认为,角色身份是个体规划给他(或她)自身的,作为占据某一特定社会位置的特定身份和地位。每一种角色身份都包含两个部分:社会结构的常规部分和个体的自我想象所构建的特殊部分。角色身份成为人们计划与目标的一部分,主要是因为一个人的认同在他人眼中的合法化,是推动人们行动的力量;同时,人们寻求在角色执行中为自身估价,企图固化角色定位,获得他人的角色支持。这种角色支持不仅包括他人赞同个体占据某一位置的权利、承认个体由这一位置而引发的行为,而且还包括附着于角色认同、角色执行上的更为丰富的内容，如个性、风格、情感和格调。

由于许多角色认同在个体的内心是理想化了的，因此个体的角色认同与他人的角色支持之间存在矛盾，个体通过一些机制克服这些矛盾。他们认为，影响认同显要性层级的因素主要包括：人们理想化了的观念被他人支持的程度，人们充当相应身份的程度，与身份相连的外部和内部报酬的大小，以前对身份投入时间和精力的多少。

互动是一场交换性谈判，个体的角色认同与其在互动中获得的报酬有关。人们在互动过程中，寻求伴随角色履行的合法性而来的报酬。在这一点上，麦考尔和西蒙斯将他们的互动理论和交换理论结合起来，区分了三种基本的报酬类型：①外部报酬——金钱及其他可见到的刺激；②内部报酬——对个体的刺激，如满意、自豪、舒服等；③最有价值的报酬——角色支持。在所有互动中，个体总是被驱使去寻找利润，这些过程受到身份显要性的影响。这种身份显要性构成了与当前互动关系最为密切的现场自我，但是，现场条件下自我的可选内容是流动、可变的。相反，理想自我要比现场自我更为稳定，它决定着何种认同应该在互动中处于较高位置，以及它们将如何被调用来构建现场自我。

三、伯克的身份理论

伯克与其同事发展了另外一种不同的身份理论。与关注角色的实际内容相比，伯克的身份理论更加关注认同的内部动力和控制问题。伯克认为角色就是自我与社会结构和文化之间的联结。借助角色扮演，个体将与角色相关的意义、期望与其在情境中的身份结合起来。

伯克在将身份概念化为控制系统的过程中，认为由以下几个要素构成了系统的动力机制：作为评价和引导某一角色初始行为的参考或标准的身份标准，以及来自对某人扮演角色和身份做出相关反应的其他人的一种投入；将这种投入与参考值进行比较，以决定其他人的反应是否与引导角色行为的身份标准相匹配；根据投入与参考值的身份标准的相匹配程度，选择一套行为输出。伯克认为，个体试图从他人的行为中找到与其身份标准相匹配的反应，为此，他们在个体行为表现过程中展示他们的姿态和其他符号，希望这些能够让他们得到与身份标准相匹配的投入。

当某一角色身份在互动中得到他人的支持时，个体就会更加信任他人，他们对这些人的身份感会加强，他们会流露出对这些人的情感依赖，他们也将更加适应群体和社会结构。某一身份越是重要——对个体更重要、更能引导行为输出，那么个体试图保证环境的投入与身份相符合的动机就越强。而对于他人的反应未能与身份标准相匹配的情境，伯克给出了以下几种情形：第一种是不管如何努力，个人的输出都无法改变情境。在这种情形下，个人就会经历一种挫败感和一种强烈的疏离、不满和疏远感。第二种是一种角色身份与另外一种角色身份之间的冲突。在这种情形下，角色身份的要素过于刚性地纠缠在一起，以至于人们将任何一种对某些要素的威胁都看作对所有要素的攻击。而且在以下情形下还会加剧这种沮丧感：一是角色身份确认失败对个体的重要性。不能够匹配身份标准的那些人越重要，个体的沮丧感就会越强烈，个体也就会越努力地去调适行为输出以保护那些重要人物的适当反应。二是角色身份本身的显要性。在某一情景中，角色身份确认越重要，那么一旦身份没有得到确认，个体就会越沮丧。三是角色身份越是反映个体对他人和群体的承诺，当其他人未能确认其身份，尤其是当其身份建立在原则层次要素或者群体的文化价值和信念基础上时，个体所感受到的沮丧感就会越强烈。四是角色身份所设定的期望与他人应对之间不一致的方向和程度。当他人的应对低于自身的期望时，个体会感到沮丧并有动力去调适行为以获得来自他人的确认。伯克的理论虽然还在不断发展中，但这些观点都已经在不同程度上得到了相关研究的支持。

身份认同的形成是一种社会构建，意味着这个过程不仅受到社会结构的制度性制约，还受到"具有显著性的他者"的影响，即社会身份认同不仅是个体自由选择和认知的结果，还取决于"他者"对个体的看法。

对认同的研究要放在一定的情境中来考察，既要考虑历史文化的影响，也要注意当下具体社会结构、社会情境的制约；认同产生于与他者的关系之中，不同的关系产生不同的认同，关系的变化也会带来认同的变化；个人的认同是多重的，对身份的认同也是多重的。所以，认同标准的确定直接关系到人们的投入与行为输出。

第二章　教师社会身份认同研究

第一节　教师身份认同概述

一、教师身份认同的内涵

教师身份认同是指教师在与相同或不同群体中的个体进行交往的过程中所获取的关于自我社会差异与身份识别的认知，以及由此形成的对该身份识别所具有的地位角色、职责功能的主观感知、认可接受和付诸实践的程度。其核心是教师基于他者认知基础的，经由个体体认与肯定的自我身份感，包括自我认同与他者认同两部分。自我认同是指教师个体获取的一种内在身份感；他者认同是指他人对教师个体或群体形成的一种外在身份感。具体来讲，这主要包括两个向度、四个方面，即他者向度中支配阶级的教师身份认同和普通社会民众的教师身份认同，自我向度中教育思想家的教师身份认同和教师本身的自我身份认同。

事实上，教育思想家的教师身份认同是一种介于支配阶级和教师自身之间的中间因素，当然，教师身份认同的最终落脚点是教师对自身身份的肯定，特别是教师在认识到自身与外部环境关系基础之上的个体身份判定和行为遵从。如果不将教师身份认同界定在教师这一自我向度，那么所有关于教师身份认同问题的探讨都将变得十分含混和难以理解。

同时需要说明的是，教师专业发展既包括教育学维度上教师集体内部专业不断发展的历程，即教师不断增长专业知识技能，提升职业理想、道德、情感和社会责任感的过程，也包括社会学维度上教师群体外在专业性上的提升，即与其他职业的关系与差异。

二、教师身份认同的必要性

教师身份认同至少在以下三个方面影响着教师教育教学的实际进程：一是教师的职业观，它决定教师是否热爱教师这一职业，并影响教师将此作为事业的可能性；二是教师的职责观，它决定教师在教育教学中能够尽多少责，完成多少应由教师完成的任务；三是教师的力行观，它决定教师将相关任务职责付诸教育教学的实际努力程度，并最终决定整个教育的质量。

身为一名教师，无论出于何种缘由，如果其在教育教学中不愿意从事这项工作，满足再多的外在条件也不能从根本上解决问题。不仅如此，由于教师身份认同是一种关涉教师身份角色、地位作用和职责功能的整体认知，并具有强大的实践驱动能力，因此教师身份认同的有效构建还具有以下修复功能：一是它能部分弥补和解决教师专业水准不高、责任心不强的问题；二是它能部分弥补和解决教师待遇和地位不高的问题。

如果一名教师的身份认同足够清晰，那么即使其自身专业水平不高，原本工作积极性和责任心不强，那么他也会自觉按照身为一名教师所需要的专业水准去不断完善、提高自己的综合素质，强化自己的工作责任，而这会从根本上提高教师个体的自我调适能力，减轻其职业倦怠感，使其更好地投入日常学习、工作和生活当中。

因此，当前我国教师发展中的重要问题之一就是教师的身份认同问题，而身份认同问题的核心又在于教师个体如何看待自己"身为人师"这一身份的尽责程度、目的诉求和实施进程。简言之，身份认同是教师发展得以实现的逻辑基础，具有重要的意义。

三、教师身份认同的理论价值与实践意义

自 20 世纪 90 年代起，全球经济一体化的发展和后现代思潮的涌现，使身份认同问题备受各领域学者的关注。随着我国基础教育领域改革的纵深推进，政府、民间及学界关于教师身份角色转变的言论也从未间断过，上述情形无论从理论层面，还是实践层面，都让教师群体面临着前所未有的挑战。而在这一系列的问题中，教师身份认同已成为影响今后我国教师群体发展的重要因素。

从某种角度上说，教育史就是一部教师史。为了成功应对时代对教师提出的要求，有效地解决教师身份认同危机，我们不仅需要借鉴国外的成功经验，审视当下与未来，更要回顾历史，从历史的土壤中汲取养分。

系统地研究我国教师的身份认同问题，具有以下重要意义：一是就理论价值而言，它有助于还原不同历史时期教师生存的真实境遇，厘清各个时期教师身份认同变迁的历史脉络、构成要件、基本内涵，明确导致不同历史时期教师身份认同变化的原因，以弥补相关研究的不足，继而从理论上为我们有效解决当代中国教师身份认同危机和合理构建教师身份认同提供客观依据。如果能够通过研究形成一个相对科学合理的教师身份认同理论模型和分析框架，将具有相当重大的理论意义。二是就实践意义而言，它有助于为现今我国教师身份认同构建提供决策参考和操作建议；有助于我们针对新时代教师专业化发展过程中出现的一系列重大问题进行反思，并提出相关解决措施，从而有利于新时期我国教育事业又好又快地发展。如果可以切实提出一些能够被国家和各级政府接纳的政策建议，并在全国或局部地区付诸实践，其实践意义将是不可估量的。

第二节　教师身份认同的分析

一、教师身份认同的影响因素

由于教师身份认同是由个体因素和社会因素共同构成的，因此其影响因素也是多元的。内部个体因素和外部环境因素共同作用于教师身份认同。内部个体因素主要是个人的知识与能力、价值观、情感态度、意志品质等，外部环境因素主要是国家的教育方针政策、学校环境和人际关系等。

（一）内部个体因素

1. 个人实践性知识

"个人实践性知识"由加拿大学者康纳利和克兰迪宁（Connelly & Clandinin）提出。在他们看来，教师的家庭背景和成长经历等都会影响个人实践性知识，个人实践性知识也会受到教师当下的教育教学行动和未来职业规划的影响。我国学者李茂森也认识到实践性知识对教师身份认同的重要性。他认为，个人实践性知识是教师专业发展的基础知识，因为教师具备了实践性知识就拥有了知识的话语权，个人实践性知识是他们内心真正奉行并践行的教学理论。另外，王栋和王妍也强调了个人实践性知识在英语教育教学方面的重要性，认为其对未来教师的成长是至关重要的。

2. 教育价值观念

教育价值观念是指教师个人对教育的理解和认知。美国创造学家奥斯本（Osborn）等人对英国的小学进行了长达八年的大规模研究，发现一些教师可能会对教育变革的新价值观持紧张的态度,且可能对变革不予合作。因为这些教师可能是社会约定俗成的教学方法的"既得利益者",进行变革就意味着一部分教师要放弃自己已经驾轻就熟的教学方法与模式,去适应那些更具挑战性的教学方法,他们不得不为之付出更多的努力。

3. 教师的个人经历

在国外,研究者发现教师的个人经历会对教师的身份认同产生一定的影响。对于教师而言,尤其是新入职的教师,他们的性格、学习经历和家庭条件都会影响其对自身职业的看法和态度。同样,也有研究者认为,英语教师入职前的成长历程、学习经历和家庭境况都会影响其对英语教育教学的态度。

4. 情绪与态度因素

在已有的一些研究中,我们发现,积极的情绪态度与情感体验有助于实现教师的自我身份认同;反之,消极的情绪与态度则会使教师产生身份认同危机,进而影响教师对教育的理解和认知。当前,生理上的身体压力和心理上的精神压力是我国教师产生身份认同危机的主要原因。

教师的身体压力源于以下三个方面:① 繁重的教学任务。一些教师要承担不同科目的教学,教学时间长。教师的教学时间不仅包括课堂教学时间,还包括课后对学生进行的辅导以及作业的批改等所花费的时间,隐形的教学工作占据了教师的大量时间。② 繁杂的管理任务。教师,尤其是班主任,要对学生进行事无巨细的管理,有些农村地区的教师还要管理学生的生活。③ 烦琐的其他任务。除教育教学工作外,一些非教学的任务占据了教师的时间,如参加各种考核、进行工作总结等。

精神压力主要表现为教育带给教师的外部压力,包括来自学生家长、学校以及社会的压力。我国一直有着尊师重道的社会风尚,家长普遍都非常关注自己孩子的学习,自然对教师寄予厚望,希望教师多关注自己的孩子。学校的任务是教书育人,而这又有赖于教师的辛勤教学,所以学校也一直在对教师的教学能力提出更高的要求。此外,我国一直都将教育放在非常重要的位置上。当今世界竞争越来越激烈,21 世纪的竞争本质上就是人才的竞争,这自然也对承担着教书育人职责的学校和教师提出了严格的要求。

（二）外部环境因素

作为社会中的一个特殊群体，教师个体的一言一行都离不开他们所处的社会体系。对教师群体而言，无论是宏观层面的国家教育政策，还是微观方面的学校文化和环境，都会对他们的身份认同产生一定的影响。

1. 国家的教育政策

美国学者戴依（Christopher Day）认为，无论是课程标准的更新、改变，还是学校教育制度的改革，即考试方式的变化，都会对教师的身份认同产生影响。李茂森认为，教师的身份认同在教育变革的过程中形成，随着国家教育政策的变革，教师的身份认同经历不断地更替，当身份认同出现危机时，他们会形成新的身份认同，随后新的身份认同也会产生新的危机。

2. 学校环境和组织文化

因为学校是教师主要的工作场地，所以无论是学校的制度，还是各种文化，都会对教师的身份认同产生影响。美国社会学家雷诺兹（Reynolds）认为，对处于社会生活中的个体而言，他所处的环境以及周边的人对个体的期待，会对教师的专业身份产生重要的影响。这就像我们常说的皮格马利翁效应一样。

而加拿大学者克兰迪宁和康纳利则选择用"场域"一词来解释学校里的各种文化环境，他们认为学校场域和周边场域一样，会在很大程度上影响教师专业身份的塑造。

美国学者舒尔曼（Shulman）曾指出，对于一位刚入职的教师而言，当他面对全新的学校环境时，能否顺利地适应这种挑战，将对其身份认同产生影响。

窦文娜采用个案研究的方法追踪一名高等师范院校英语专业毕业生参加工作的全过程，研究发现英语教师的身份认同发生了阶段性的发展变化，其中，学校环境对其影响较大。教师身处的学校环境会对其身份认同产生潜移默化的影响，不同领导者的管理风格也会导致教师身份认同发生变化，权威式的管理易产生消极的身份认同，民主式的管理则易产生积极的身份认同。从课堂层面的因素来看，师生关系是影响教师身份认同的重要因素，教学科目和课程内容的持续时间影响教师身份认同。从同伴层面来看，同事间的合作有利于教师的发展，个人主义则会妨碍教师的发展。

二、教师身份认同研究的现状和发展方向

（一）教师身份认同研究的现状

虽然近些年国内外学者对教师身份认同的相关问题进行了不懈研究，取得了许多重要成果，也为我们进一步研究教师身份认同理论提供了广阔的知识基础和文化背景，但仍有三个需要进一步完善之处：一是基本原理研究相对欠缺。许多研究事实上更关注的是教师发展中的表象问题或可以量化的问题，真正聚焦教师身份认同并进行系统研究的为数不多，而且即使是关于教师身份认同的专题研究，其关注点也多为角色、称谓等局部问题，尚未认识到影响教师发展的因素事实上是系统呈现的，而教师的良性发展也有赖于教师身份认同的内外匹配程度。因此，便导致对教师发展问题的认识相对表象化、粗糙化。尤其是对教师身份认同的基本原理缺乏深入的学理研究。比如，影响教师身份认同的因素到底有哪些？它们之间是如何相互联系、相互调节的？到底有无支配教师身份认同的普遍内在机理和动力机制？若有，它又是如何运行和实现其支配功能的？等等。二是研究视角相对单一。相关研究或是侧重学理的单纯理论研究，或为侧重文献的单纯历史研究，或从教育学或其他某一学科视角来对某一方面、某一时期的教师身份认同加以研究，少有通过教师日常生活史来对教师身份认同变迁加以分析的。因此，便难以真正发现教师身份认同对教师发展的决定性作用，以及教师身份认同的制约因素在内外两个维度上的博弈过程及其具体展现情形。事实上，无论从理论层面还是实践层面，教师身份认同问题本身就涉及多种不同学科内容，它是一个综合性问题，因此，在前人已有点状、单事项、分离分支式研究的基础上，我们仍可对其做出进一步的跨学科综合审视和协同化的质化、量化研究，以便更系统地把握和了解整个教师身份认同的具体情形。三是比较研究相对不足。一方面，从纵向来看，目前的研究多以"新课改"为背景，相较于对当代教师身份认同研究的风靡云蒸之势，对古代和近代教师身份认同的研究则显得较为单薄与空洞，而古今对比研究更是寥若晨星；另一方面，从横向来看，国内外对比研究亦相对不足，虽然目前不少国内研究对国外较具价值的相关资源与信息进行了挖掘，对教师专业发展较为成功的国家的经验进行了译介和借鉴，但对国外教师身份认同的来源及其构建

基础的条件和文化背景仍缺少系统有力的分析，总体上仍属于国别情况译介性质，具有明显的教育资讯特征，没有在上述基础上对国内外教师发展的相关措施及其实施效果进行真正意义上的比较分析，没有形成能够切实促进我国教师身份认同和教师职业发展的政策措施和实践路径。

（二）教师身份认同研究的发展方向

由于教师身份认同是一个介于个体与集群、内因与外因相互融合而成的复杂动态过程，加之已有研究所持观点存在差异性、多元化等特点，其主观认知存在不确定性和变化性，致使教师身份认同问题变得难以研究或不易解决。笔者认为，未来教师身份认同研究还可以在以下三方面进一步深化：

第一，拓宽研究视角和内容。由于基础教育具有基础性与普及性、学科性与阶段性、整体性与地域性等特征，教师身份认同又具有境域性与文化性、政策性与经济性、群体性与个体性等特征，因此，研究者首先要明确研究对象的特点，区分不同学科、不同阶段、不同地域教师群体的差异，以加强研究的针对性。其次，研究者还要从宏观层面（如国家政策、社会背景、教育改革等）和微观层面（如教师个人的成长、学习、工作环境等）两方面对教师身份认同进行整体研究，以避免研究碎片化。再次，教师身份认同是一个综合性学术问题，除教育学视角外，研究者应该强化多学科参与意识，整合人类学、政治学、社会学、文化学、心理学等其他相关学科的理论和方法，对其进行多学科、多角度、多层次的探索论证，以确保研究的全面性。尽管这是一项具有较高难度的挑战性任务，但依然刻不容缓。最后，鉴于教育系统和教师身份认同特点的丰富性，在不同地域（如东部地区和西部地区）、不同层次（如小学教师与初高中教师）、不同文化（如家庭文化与社会文化）等背景下，教师身份认同过程会产生不同的具体问题，因此，在对其进行分析研究时要做好分门别类，以提高研究的有效性。

第二，加强比较分析与实证研究。教师身份认同是一个自教师这一职业产生以来便客观存在的历史问题，未来研究应以史为鉴，从中汲取经验并探索历史规律，在立足于古今差异比较的基础上，有区别地对待不同时期出现的不同问题，并将之应用到当代实践之中。同时，教师身份认同也是全球性问题，西方一些教育发达的国家的教师群体是否存在身份认同危机？经济发展水平相同的国家的教师身份认同度是否一致？文化背景相似的国家在教师身份认同方面有无差距？诸如此类的问题不仅中国有，其他国家也同样存在。因此，研究者应该加强对国外教师身份认同的现状、问题及其原因、措施等问题的研究，为我国教师身份认同危机的解决提供可供借鉴的建设性思路与方法。

此外，教师身份认同不仅是一个理论问题，更是一个实践问题。研究者应该加大实证调研力度，深入实际进行动态考察，在掌握大量一手资料的基础上，将事实、现象与理论有机结合起来，得出相对具有可通约性的结论，为现今我国教师身份认同危机的解决与重构提供可行性建议，最终促进我国教师群体良性发展。

第三，深化基本原理研究。随着当前全球化趋势的加剧和社会生活的日益个体化，当前教师身份认同客观上确实已呈现多元化特征，但在这纷繁的表象之后是否有一以贯之的机制或规律可循？是什么因素在作用于教师的身份认同？这些因素之间是否具有内在联系？它们各自的影响力有无差别？在这些因素当中是否存在核心制约因素？不同因素在教师身份认同的现实构建中会发挥怎样不同的作用？尤为重要的是，我们能不能形成一种教师身份认同研究的理论模型与分析框架？诸如此类的问题都与教师身份认同的基本原理问题有关，研究者只有对上述问题进行深入关注，努力发现隐藏在教师身份认同困境表象之后的根本原因，分析其支配机理，总结归纳出相对具有普适性的结论，才能为教师身份认同所处的困境提供强有力和具有操作性的解决办法。

第三节　教师社会身份认同的构建

一、教师身份认同构建的文化理路

由于教师身份认同的核心问题是教师对其身份感、存在感和价值感的体认及由此支配的行为实践活动。而从文化学角度来讲，其本质又是作为教师的人如何通过处理个体与自然、个体与他人、个体与自身的关系来进一步优化自身及其所处环境的问题。因而教师身份认同构建的文化理路就是从教师所处的总体历史文化当中去寻求、形成和构建一种关于身为人师，能够逻辑自洽的身份感、存在感和价值感，以促使教师自觉地去践行教育各项活动的过程。关于如何构建当前我国教师的身份认同，笔者以为，应当明确以下三个基本认知前提：

（一）现代语境下的工具本体性价值

如果将教师喻为"人"，把教师周遭的人、物、事比作"自然"，那么，从文化学的角度来看，作为教师的人在构建自己身份认同时，第一个要处理的问题便是"人与自然"的关系，即教师到底是什么，又为什么而存在。

1. 教师价值的基本构成

教师是人，人是主客体的统一。某一个体相对他者来说就是客体，作为客体，他要接受他者的评判与审定，以确定自己的存在价值；但相对自己来讲，这一个体则是主体，作为主体，他又要在审定他者价值的基础上力求他者满足自身的需要，以实现自身的存在意义。

上述"一币两面"的个体存在基本价值实现方式，决定作为教师的人同样具有这种价值双重性，即教师作为客体，首先需要通过自己的实践活动去满足他者特别是学生的发展需要，继而在促使学生发展的过程中进一步满足家长、社会和国家的需要；而作为主体，他又同时需要在满足上述他者需要的基础上，获取和满足其自身存在、发展所必需的物质条件和精神需要，即他者也得赋予教师价值实现的可能。

从价值的结构看，教师的存在价值分为社会价值和自我价值；从价值的作用看，教师的存在价值又可分为工具价值与本体价值。社会价值和工具价值、自我价值和本体价值只是措词和划分依据不同，其本质内涵是相同的。教师的社会价值或工具价值是指教师及其所从事的活动对他人和社会需要的满足和作用；教师的自我价值或本体价值则是教师及其所从事的活动对自己生命发展需要的满足和作用。

就理想状态而言，教师的存在价值应该是上述两类价值的辩证统一与共同实现，本体价值是工具价值实现的前提和基础，任何教师都不能脱离"培养人"

这一活动去实现其工具价值。同样，对于任何教师，其工具价值的实现都要以教师的个体生命为基础和条件，如果连教师自身的生命都得不到良好发展，其工具价值也无法实现。任何片面强调教师工具价值或本体价值的单一做法或现象都是不合理的。

当然，由于影响教师价值实现的历史和现实因素十分复杂，常常会带来教师价值的分裂现象，因此，在当前背景下，如何更好地实现教师这几种价值的辩证统一和共同生长，不仅是教师自身和教育系统内部需要关注的问题，也是国家和社会应高度关注的综合性问题。

2. 教师价值实现的当下趋向

理想的教师价值实现方式当然是教师工具价值和本体价值的双重实现，但当前我国教师价值的实现由原来强调教师的工具价值逐渐转变为强调教师的本体价值。我国传统文化中的师道十分强调教师的工具价值。园丁、蜡烛、春蚕、人梯等种种隐喻所强调的也都是教师对他者的付出和奉献，这种工具价值取向确实使许多教师在教学的过程中忽略了自身价值的实现并丧失了部分个体的幸福。因此，关注教师生命质量的呼声随之而来，强调对教师个体生命需要满足的言论也与日俱增。这种观念契合了广大教师的现实需求，其影响也逐步扩大并成为当前我国教师价值的主导取向。这种趋向对于纠正过往那种片面强调教师工具价值的取向起到了有效的平衡作用，具有一定的积极意义。

3. 教师的工具本体性价值取向的确立

尽管在教师的价值实现问题上，最理想的方式是兼顾工具价值与本体价值，但在很多情况下无法做到两种价值均分，势必会有所侧重，那么教师的价值取向应该秉持一种怎样的观念呢？笔者以为，这便是工具本体性价值取向的确立，即教师价值实现的本体价值就是其工具价值，教师的本体价值应当基于教师的工具价值来实现。

因为教师这一职业从自出现之日起便是以广义的工具价值为体现的，而且教师的本体价值也因其工具价值才能得以实现。最初的教师是自由、自愿产生的，目的是优化人类的生存生活环境，但这一形式上的本体性、优先性却并不能证明其广义上的工具性，因为在教师自愿产生的情况下，天然地包含了其可以作为优化人类的生存生活环境的文化知识技能传播工具这一事实。

简言之，于人类而言，自愿从事教师职业的人，其本身也是广义的优化人类自身的工具。在之后的历史进程中，我们也发现，当教师这一优化人类的工具的作用发挥得越突出时，其得到的认同程度也越高。但是，如果教师连生命价值都不存在了，那么谈教师的工具价值就没有意义了。正因如此，在研究教师的价值实现时，就应当将教师的本体价值奠定在其工具价值之上，而不是相反。

任何一个职业之所以能够获得人们的承认，都是因为它提供了其他职业不能代替的服务。从教师职业存在及其发展来看，教师存在的合理性在于其为人类社会提供了某种难以替代的服务，而其服务对象便是以学生为主的整个人类社会，而非教师自身。当前，在我国关于教师专业化的探讨中，很多人都把实现教师自身的专业成长和发展放在了首位，把如何更好地为学生服务置于次要位置。比如，有学者提出，传统的教师专业发展大多强调教师专业发展的外在目的；教师专业发展的内在目的是教师个体人格的完善，目的是教师自我价值的实现。但是，促进学生发展应该成为教师专业发展的本体价值，教师正是通过促进学生发展来促进其自身人格完善和实现其本体价值的。正如有学者所认为的，教师的最高价值取决于他对学生的作用和他对社会的效用，被需要才是教师存在的唯一依据，如果教师不为受教育者服务，对受教育者没有价值，那么他作为教师就没有意义。

（二）两难困境下的社会良知选择

上文阐述了作为教师的人在处理"人与自然"的关系时所应持有的工具本体性存在法则，那么教师又该如何处理"人与他人"的关系呢？在这里，"他人"主要包括以支配阶级为代表的"国家"，以教育思想家为代表的"专家"，以家长为代表的"大家"三个不同群体。由于三者中国家对教师的价值取向最具影响力，因此，此处主要讨论教师如何处理与代表国家的支配阶级之间的关系的问题。

1. 支配阶级在价值判断上要求教师成为忠实的国家代表者

第一，国民教育制度规定了教师的教学内容和教学活动。虽然教师这一职业远在古代就已出现，但其在国民教育制度形成前后的情形是不同的。在国民教育制度建立以前，这一职业是无拘无束的。教师可以自由地选择教材、教法乃至学生，对其教学内容和教学活动是否代表其所在国家利益并无约束，孔子为施行"仁政"而周游列国、柏拉图为实现"理想国"而奔走相告便是证明。

然而，工业化的国民教育制度建立之后，情况就大不相同了。生产力的发展、社会分工的需要、现代意义国家的建立及其对教育的合法控制，使得整个教育不再是教师个人的职业，而成为国家整体事业的一部分。教师数量的激增和教育规模的扩大，教育形式、目的、内容，以及教师资格遴选、任免、聘用、考核等一系列问题，使得教师不再是以前那种自由的知识传递者，而是国家的雇员，他们不能自由地选择学生与教学内容，而需要依据特定的目标行动，也就是说，其任何活动都代表了国家。

第二，教师的言行体现了国家意志。每一个国家都将教育视为其生存与发展所必须依赖的一种工具，而教师又是实施教育所必需的有效工具，因而教师自然要与国家发生联系，也就是说，二者之间实际上存在着一种利用与被利用的关系。同时，教师作为一种职业，同其他任何职业是一样的，都是雇主付款分工、雇员领酬做事，不管过程多么复杂多变，有一条规则是不变的，就是雇员必须按照雇主的意愿与要求去完成任务。

在此雇佣关系中，教师并不是分文不取的义务劳动者，他领取薪水并享有国家相关待遇，因而其言行也就必须体现国家意志。在此情形下，教师便自然成为国家代表者。

第三，国际政治系统框架内，教师作为国家代表者具有现实重要性。一个民族、一个国家要想立足于世界民族之林，必须要有强大的综合实力，尤其是在当前这样一个竞争激烈的国际社会当中，国家的凝聚力与向心力至关重要。教育要体现国家意志，教师是将此重任付诸实施的最佳人选，支配阶级自然要求其与其所在国家的主流价值取向保持一致，这样整个国家才能健康、有序、和谐地发展。

2. 事实上的教育教学过程使教师难以完全成为国家代表者

尽管支配阶级要求教师成为国家代表者，但在实际的教育教学过程中，教师却很难完全成为国家代表者。

即便教师在主观意愿上想完全成为国家代表者，其也会因教育教学过程的内容特点而无法完全成为国家代表者。一个国家对教育的控制是通过课程与教材等物化形式来体现的。因此，要成为国家代表者的教师也只有在通过将国家既定教育教学内容传授给学生并让其切实接受，且符合国家的期望和要求时，才算真正成为国家代表者,但在现实的教育教学过程中,广大教师很难做到这一点。主要原因有两方面:一方面,部分教师本身不具备这种传授能力与技术;另一方面,就算教师具备了这种能力与技术,囿于教学过程的流变性与教学内容的异变性,教师也很难成为忠实的国家代表者。因为其国家代表性会因"教材制定—教师教学—学生接受"这一代表过程的逐级异变而大打折扣。第一层异变是教材或教学内容生成的异变,即"A"向"编著者A"的转变。国家编著课程教材并要求教师通过教育教学活动付诸实施,由于教材的编著者也是人,因其心智水平、心理特征、生活经验及其所处的文化环境、社会背景各异,所以其在编著教材的过程中,肯定会按照自己的选择来编排教学内容,而这些被选择过的内容显然已不完全是原来的东西了,加之这些内容又以文字的形式呈现,故而影响着人们对其的理解,这就为下一层的异变埋下了伏笔。第二层异变是教学内容在教师传授过程中的异变,即"编著者A"向"教师理解的编著者A"的转变。由于不同教师对于同一教学内容的接受程度会因人而异。同时,书面文字的理解歧义性与口头语言的不定性,又导致教师在教学活动中很难保证将教学内容完全传授给学生。第三层异变是教学内容在学生接受过程中的异变,即"教师理解的编著者A"向"学生理解的教师理解的编著者A"的转变。由于前后双重异变,加上学生各自理解程度的不同,因此学生在接受过程中,会对教师所传授的内容进行筛选或选择性地获取,优先接受自己需要的、关心的,以及与自己思想观念一致的内容,而有意忽略或剔除其他内容。

经过上述层层异变后,教师作为国家代表者传授的那部分内容可能已在这一环节戛然而止。由此便可发现,即便是一心一意要成为国家代表者的教师由于上述种种原因也不可能完全成为国家代表者。

3. 现实社会生活中的教师很难不成为国家代表者

从价值要求上看,支配阶级要求教师成为国家代表者,而客观事实上,教师又难以完全成为国家代表者,那么现实社会生活中的教师又将如何应对这一两难的问题呢?

总体而言,如果说大学教师因其肩负思想启蒙、社会监控等理性作用而欲成为非国家代表者,那么现实社会生活中的大部分中小学教师可能会更现实地选择成为国家代表者。

这里我们不妨借鉴叶澜关于社会和个体发展相互关系的"三类九种模式"

来具体阐述一下其间的两个理由：一是教学法对教师的限制。我国广大学校尤其是中小学教学的基本组织形式仍是班级授课制，这一组织形式自捷克教育家夸美纽斯（Johann Amos Comenius）建立以来，随着教育学科尤其是课程教材教法研究的深入展开，逐渐在如何教学等方面形成了理论化、系统化的操作规则和方法。如果教师不按照这些规则和方法去教学，其教学表现则会被视为不成功的而遭到谴责，同时将相应地影响到其职称、薪水及其他相关内容，因而广大教师不得不依据现成的教学规则和方法去从事既定的教育教学活动。二是教师本人具有趋利避害性。虽然人不是天生自私与趋利避害的，但面对种种情形和现实生活中的种种考虑，广大教师都会按部就班地履行上级教育行政部门与学校规定的教育教学任务。

通过上述分析，我们似乎得出了这样一个结论，即虽然广大教师因为自身不同情况和教育教学活动的特点而不能完全成为国家代表者，但在支配阶级及国家强大措施与制度的规约下，结合自身趋利避害的现实考虑，教师必须保持其国家代表者的身份地位。然而，这种结论却不足以成为教师身份认同构建的理想价值追求，既然如此，那么在上述国家或自身的两难困境中，教师身份认同构建的理想追求又是什么呢？这便是社会良知的代言人。社会良知代言人是一种什么形象？又以什么方式去构建呢？这是值得深思的问题。

（三）个体观念支配下的自我身份构建

作为教师的人在处理其与"自然"和"他人"的关系之后，还得思考如何处理其与"自身"的关系。事实上，由于教师在处理个体与"自身"的关系时，总是以"自然"和"他人"为参照进行过滤之后的选择，因此只有当教师思考这个问题时，才会真正进入教师身份认同构建的核心阶段，因为它涉及的是如何理解教师个体与"自然""他者"关系的处理准则，是一种更为高深的元认知，最终将会对前两者的关系处理准则起到一种决定性的支配作用。

1. 教师身份认同构建的多重交互影响性

教师身份认同自教师这一职业产生起就受到不同因素的影响，并随着历史的演进，其影响因素有着越来越多和越来越复杂的趋势。事实上，这是一种客观必然。因为从教师层面来说，教师身份认同构建首先会受到教师自己关于身为人师的观念的影响，但教师是社会中活生生的人，其思想观念除受自己认知观念的影响外，还会受到他人的影响，而"他人"又分属不同的利益集团，其对教师的认知观念不同且对教师的操控能力各异，所以教师身份认同自然也会因此而发生改变。

在整个中外教育史的发展过程中，教师身份认同构建过程包括国家构建过程、专家构建过程和大众传媒构建过程，并且从客观实践效果看，诸种构建过程也确实给教师的思想观念、价值取向和行为实践带来了或积极或消极的影响。

当然，这里不是要去否认诸多外在教师身份认同构建过程的合理成分，只是想真切辨明教师身份认同构建影响因素的复杂性，从中找出一种相对合理的教师身份认同构建的文化理路，通过强化教师的身份角色认同，使广大教师做到思想与行动一致。

2. 教师身份认同构建的个体自我形成性

尽管教师身份认同问题如此复杂，但也不是没有解决办法，只是没有找到一种相对普遍适用的路径。

事实上，虽然影响教师身份认同构建的因素多而杂，但其基本构建路径却是一致的，都是一种教师基于个体观念的自我构建活动。简而言之，所有影响教师身份认同构建的外在因素都需要通过教师本身才能产生制约作用，而所有因素中又只有那些被教师个体选择、承认之后的内在因素才是决定教师行动的最终依据。

因此，教师身份认同的构建过程便明显地体现出一个基本特质，即"观念一致性"——只有外在的他者认知因素与教师已有的自我认知因素高度匹配时，教师的身份认同构建才是最具成效的。

继而在具体教师身份认同构建中，也就分出了两类不同的问题：一类是外在集群观念的形塑问题；另一类是个体自我观念的统一整合问题。如若两类问题能在目的、内容、过程上保持一致，那么教师身份认同的构建与形成就会迅速而稳固，但历史表明，要想使这两者达成完全一致并非易事，所以在这两类问题本身发生冲突时，我们势必要在这两者之间做出一种侧重性的选择，这一侧重性的选择以谁为基准呢？笔者认为，在外部形塑与内部形塑两者的关系辨别上，前者是条件，后者才是核心，条件具备与否并不重要，关键是核心价值取向能否有效形成并确立。因此，教师身份认同构建应当以后者为准，而教师身份认同构建过程的实质就是在教师个体观念自我统一整合之后又逻辑自洽的过程。

3.符合社会良知的教师身份认同构建

上述关于教师存在价值与意义的理解并非理想的教师身份认同追求的目标,那么理想的教师身份认同构建应当秉持一种怎样的价值取向与信念呢? 笔者以为,这种信念就是社会良知的代表,它源于中国教师兼济天下的历史传统,是一种文化精神。

正如一位英国学者所言:建筑物建立起来以后,你看不到它的柱子、横梁与钢筋,但是少了它们,建筑物将会倒塌。文化对于学校的教学质量来说就是这样。教师就是学校中那些看不见的柱子、横梁和钢筋,而支撑这些柱子、横梁和钢筋的就是教师这种"穷则独善其身,达则兼济天下"的社会良知和道德情怀。

作为社会良知代言人的教师,应该具备以下两个基本品质:一是教育良心。这是教师从教书育人的职责出发所形成的对教师职业道德的理性认知和自律意识,表现为教师强烈的主体责任感和对学生发展的关爱。二是社会良心。这是教师在任教过程中形成的对整个社会进步负责的理性认知和自律意识,表现为因当下社会和人类未来而肩负的道德使命。

教育良心需要教师成为文化知识的代表,要求教师在任何时候都要以教书育人为己任;社会良心要求教师成为道德伦理的代表,要求教师在任何时候都要有非凡的道德勇气和经得起考验的人格力量,不向邪恶势力低头,勇敢地维护正义。

教师身份认同的自我构建必须具有上述这种角色意识和自我价值实现意识。的确,如若教育在促进人类物质丰富与技术进步的同时牺牲了人类的精神价值,如若教师在发展学生的计算能力和读写能力的同时忘却了培养他们高尚的情操和精神的追求,如若儿童的知识增长伴随着冷漠的情感、贫瘠的心灵和狭窄的心胸,那么教育对于儿童的精神将不再具有感召力,整个社会也将变成生活安逸但精神空虚的人类的居所。

特别是在今天这个人类发展已被知识技术分割的时代,教师更需要成为"人类精神家园"的守护者与建设者。教师身份认同构建必须立足于社会良知代言人的自我价值体认,教师才能在任教过程中真正地将自己的工具价值与生命价值融为一体,从而达到一种"从心所欲而不逾矩"的境界,并使教师获得集体身份感和社会价值认同。因此，基于教师个体观念支配下的教师身份认同自我构建就是在社会良知代言人的核心价值取向主导下，通过处理个体与自然、他人、自身的关系，进而达成社会良知代言人的逻辑自洽过程。

二、教师身份认同构建的外部集群形塑

构建教师的身份认同需要从内外两个方面同质同构，就外部集群形塑而言，要主要解决两个问题，即外部集群形塑应该遵循一种怎样的基本思路；在此思路下，外部集群形塑所要解决的关键问题和其采取的具体措施有哪些。笔者将对此展开具体分析。

（一）外部集群形塑的基本思路

外部集群形塑是一项系统工程，从内容上来讲，主要涉及物质和精神两个方面，而从要素上来讲，则主要包括支配阶级、教育思想家和普通社会民众三个方面。总体而言，外部集群形塑的基本思路是系统构建并同质同构、各有侧重并分类推进。

1. 系统构建并同质同构

（1）系统构建并同质同构的原因

第一，教师身份认同问题存在的全面性。细心的人只要仔细观察便不难发现，当前我国教师身份认同问题存在于教师发展的各个方面，小到上哪门课、是否当班主任，大到如何进城、怎样评职称。其间既有工资待遇、补贴落实等经济问题，也有职称晋级、评先评优等政治问题，还有进修培训、学习提高等文化问题；既有学历、编制等入职资格问题，还有下岗、退休等离职条件规定问题；等等。不同的是这些问题在各地的具体表现不一、程度不同罢了。

第二，教师身份认同问题表征的明晰性。尽管当前我国教师身份认同问题的存在具有全面性，但从各地反映的情形来看还是相对一致的，大致包括以下几个方面：教师物质待遇落实欠佳，社会地位提升不显著；教学质量提升成效欠佳，教师综合素质能力不强；教师工作负荷过重，身心健康问题明显；教师系统结构多方失衡，认知观念差异较大等。

第三，教师身份认同问题认知维度的差异性。不可否认，许多学者专家和政府人员都对教师身份认同问题做了深入的研究并提出了相关建议，但由于不少是基于某一具体地域或某一特殊问题进行阐述的，缺乏系统分析框架，没有将其提出的问题与解决方案置于同一系统之中，因而其研究便成为针对解决某一具体问题提出的建议，故难以发现整个教师身份认同问题的相互联系，只是一种捉襟见肘的被动应对之举。因此，我们急需一种相对统一的认知维度来系统思考当前我国教师身份认同的构建问题。

第四，教师身份认同问题构建过程的复杂性。如上所述，教师身份认同不仅在内容上涉及许多方面，而且在具体构建时还会受到诸多不同因素的影响，是一个教师的自我观念与其他影响因素之间博弈的复杂过程，可能会产生多种不同的结果。教师身份认同构建影响因素的多元性和构建过程的复杂性，使得教师身份认同构建必须得在同一价值取向和相对一致的构建过程下才会变得有效，否则，教师身份认同构建将因影响因素力量的大小和自身观念的强弱而变得五花八门。因此，教师身份认同构建的复杂性及其有效性需要同质同构。

（2）系统构建与同质同构

笔者以为，"一维三向九类"分析框架可能会是一种新思路。

第一，以教师从教的生命历程为切入点来系统梳理当前我国教师身份认同存在的全部问题。任何单一维度都难以完全涵盖教师身份认同所要解决的所有问题，所以我们必须从中选择一个可以总括各个问题的基本维度，然后辅以其他维度，对整个教师身份认同面临的问题做出系统划分。那么应该选择什么作为基本维度？因为教师首先是"人"，人有生老病死，教师亦然。若将教师发展问题整体置于"人"这一考虑之上，我们便抓到了教师身份认同构建的主线，继而依据人的发展所具有的阶段性特征，将教师的整个从教生命历程划分为入职、从业、退出三大阶段也就在情理之中了。以此维度为基准，再结合内容、主体和功能三个向度来对教师身份认同构建所面临的各种问题及其相关解决方案做出进一步划分，那么所有关于教师身份认同构建的问题都将被包括在这个维度划分之中。

第二，以教师从教的基本内容为侧重点来系统诊断当前我国教师身份认同存在的全部问题。一如任何生命个体都具有不同需要层次一样，教师的身份认同构建也有不同层次，因而在生命历程维度的基础上，我们可以按内容维度将三个阶段进一步划分为九类问题：入职阶段的教师供给和遴选问题；从业阶段的工资、住房、职称评定、培训研修、服务流动、身心健康问题；退出阶段的教师离职和补给问题。教师职业系统的基本构成要素主要由学校、教师和横亘于二者之间的条件三者构成，教师的从业过程就是一个学校与教师为争取条件而相互博弈的过程。

第三，以教师面临问题的解决主体及其功能发挥为落脚点来系统构建当前我国教师身份认同体系。该如何解决这些问题呢？于是又出现了两个划分维度：一个是主体维度，其表明的是教师身份认同构建问题的解决主体到底应当出自哪里、具体由谁来负责，其间根据不同权能可具体划分为支配阶级、教育思想家、普通社会民众三种不同职责承载主体；另一个是功能维度，其表明的是问题的解决主体及其采取的措施在作用发挥上到底以一种什么方式来进行。

因为许多问题的解决主体具有不同权能，所以我们必须判明教师身份认同构建过程中相关问题的承担主体是谁，如果不加区分地、想当然地去设定一个主体来承担其无法承担的责任，不仅问题无法得到解决，反而会引发新的问题。因此，必须对教师身份认同构建面临的所有问题做出明确的问题解决主体认定，在此基础上，再交由这一主体去针对具体问题采取具体措施。而所有这些，都需要问题解决主体同质同构方可确保教师身份认同得以有效实现完成。

2. 各有侧重并分类推进

（1）各有侧重

第一，在教师身份认同的国家构建过程中，突出对教师工资收入的保障。给予教师国家法定的身份与地位是必要的，因为任何一种职业都要为自己的存在而正名，所谓"名正则言顺，言顺则事成"，但在构建和强化教师的国家法定身份与地位的同时，国家应当将侧重点放在经济报酬的落实上而非类似政治地位的强化上。

无论从事什么职业，个体都是在谋生，如果没有相对稳定的经济收入作保障，教师则难以生存。同时，不同职业的从业者都会自发地与其他相关职业进行对比，如果在对比过程中发现自己与其他职业的收入相差不大，其心理自然会感到平衡，反之则肯定会感到失衡。

第二，在教师身份认同的专家构建过程中，突出对教师教育权威的肯定。专家学者对教师的引导乃至规范是必要的，但应该突出对教师教育教学能力、权威地位的肯定和维护。身为一名教师，在从业多年之后，相信其在多年教育教学经验进行反思之后都会形成一套相对行之有效的教育教学方法，因此，简单地批判或否定教师的专业水准不利于学校教育教学活动的开展。特别是在当下民主、自由、平等的呼声中和培养学生个性、情趣、爱好的主旋律下，我们不能一味批判教师的权威。

第三，在教师身份认同的大众传媒构建过程中，突出对传统尊师重教氛围的维护。大众传媒表面上看似在对具体实物进行介绍，实则在进行价值观念的宣导。因此，大众传媒在关涉教师及其教育行为的宣传上，不仅要积极宣扬传统的义利观、师道观等，还要谨慎考虑宣传可能带来的后果，不能动辄以个别极端例证去否定广大教师群体的责任性与正义性，更不能以少数教师歪曲的职业师道观去否定整个教师群体的正面功用，而应积极宣扬和肯定教师所具有的师道观念和精神，为全社会形成强烈的尊师重教氛围发挥应有的功用，为促进教师尽职尽责地从事教育活动提供必要的社会舆论基础。

（2）分类推进

第一，明确问题的关键及要解决的主要矛盾。任何问题说到底都是矛盾，只要是矛盾都会有主要矛盾和次要矛盾、矛盾的主要方面和矛盾的次要方面，所以在辨明所有有关教师身份认同问题的基础上，必须再次将其主要矛盾弄清楚。

在入职阶段，供给机制的核心是如何确保不同学科师资的充分培养与提供，承载主体是国家，关键是师范院校的专业、课程设置；遴选机制的核心是如何确保学校遴选、引入新教师，承载主体是县、学校，关键是赋予学校自主选择教师的权力。

在从业阶段，工资分配机制的核心是如何制定充分考虑校长、教师、职员的利益且量化合理、可操作的绩效工资考核方案与实施细则，承载主体是省和学校，关键是公正、兑现；职称评定机制的核心是如何形成一个合理的动态职称层级奋斗系统，承载主体是省，关键是高级职称的设置；培训提高机制的核心是如何将名师的教育教学方法转换成可供其他教师学习掌握的程序性知识，承载主体是县、学校，关键是智慧技能的生成；流动服务机制的核心是如何确保教师流入地的基本生态环境，承载主体是县、学校，关键是教师基本工作和生活条件的保证；身心健康机制的核心是如何确保教师从业期间形成对学校的信任感、安全感和舒适感，承载主体是学校，关键是校长管理能力的提升。

在退出阶段，退出、补给机制的核心是如何解决新老教师的岗位安置及功能发挥，承载主体是县、学校，关键是赋予学校上述实施权力。

第二，按问题的严重程度将存在的主要问题依次排序。系统辨明教师身份认同的主要问题之后，再按照问题的严重程度逐一将其罗列出来，依次分为最严重的问题、次严重的问题、再次严重的问题、容易解决的问题、不用解决的问题……比如，在经济发展水平较高的东部地区，教师身份认同构建的问题可能就与中西部欠发达地区不同，在中西部欠发达地区，工资问题会成为教师身份认同构建的主要矛盾；在一个老教师居多、教师年龄结构偏大的地区，其政策可能考虑更多的是退出机制与举措；在一个职称名额宽裕的地区，职称评审可能不会成为主要问题……因此，各地只有按照自己的实际情况逐一将主要问题分析罗列出来，问题才能得到有效解决，否则胡子眉毛一把抓，其结果看似已经解决了某一问题，但最终还会因其缺乏系统性而使问题重新出现。

第三，全力解决目前要紧的问题并集中攻关。针对前面分析过的关键问题，确定该问题的解决主体并明确其权限，特别是对那些在解决问题的过程中涉及多方主体的，必须明确划分不同主体的权限范围。比如，教师的工资问题，其问题解决主体应当是县区，但县区财政部门只负责资金的确保到位，至于如何发放资金及如何分配使用资金则是每个学校自行解决的政策问题；又如教师编制问题，其解决主体是县机构编制委员会（简称县编委）和劳动人事部门，但教育系统到底需要多少编制的师资，仍需要教育部门来确定。即使同一主体，在不同地区也会因实际情况出现范围大小不同的情况，因此明确主体及其权限就成为必要之举。

同时，在明确主体之后，必须召集人力，集中时间和精力对该问题做出充分详细的讨论并提出相关措施。此时一个十分重要的环节便是相关措施在内容上必须同时做出鼓励性和限制性的规定，只有同时兼备这两种规定才能确保有效地解决该问题，并形成动力、压力共存的有效激励状态。此外，针对某一问题的解决措施，在其施行之前可以对其进行深入讨论，但一旦做出决定并形成最终决议，则必须保证其具有明确内容而且易于直接操作，并有明确的针对性，确保政策执行力强并可付诸实施。

（二）身份认同危机物质来源问题的解决

教师身份认同危机产生的重要物质来源有两个，分别是工资问题和住房问题。这两个问题的解决需要相应的物质、资源和权能作为保障，因而其主要承载者是掌握国家各项物质、资源和管理调配权能的支配阶级。国家需要为教师提供外在的从业物质条件，以使教师的崇高性、专业性与丰厚的物质报偿兼容同构。

1. 关于"日里三餐"的工资问题的解决

（1）确立以中央财政和省、县两级地方财政为承载主体的教师工资发放管理体制

第一，将我国原有"以县为主"的义务教育经费投入管理模式转变为以中央和省级地方财政为主的投入管理模式。按 6：4 的比例将教师工资收入明确划分为基本工资和各类补贴两大类别。由中央财政承担 60%，负责全国义务教育阶段教师基本工资的发放与管理；地方省级财政承担 40%，负责各省义务教育阶段教师各类津贴的发放与管理。

这样做可以确保教师工资收入能够切实发放到位，在全国范围内得以有效均衡，减少因无统一规范而带来的混乱性，减少地域差异性，有效体现教师的社会地位，增强其工作积极性和责任感。

第二，由中央财政发放教师工资收入的基本工资部分。目前，基础教育阶段教师基本在义务教育阶段学校任教，义务教育最基本的特点是强制性、免费性、普及性和世俗性，上述基本特点决定了义务教育阶段的所有经费投入应当以国家为基本承载主体，这种做法有助于在全国范围内切实消除因地方经济实力不同而带来的教师收入差异过大这一弊端。

第三，由省、县两级地方财政发放教师工资收入的各类津贴部分。当前，我国以乡收县管为主的义务教育经费管理体制部分地导致了各地教师收入的非均衡发展，教师的工资收入也因各地经济发展水平、政府重视程度不同而产生即使在同一省份也存在教师工资收入差异较大的情形。国家将剩余的各类津贴部分交由省、县两级地方财政统一发放，既可以有效消除或平衡各省（自治区、直辖市）教师收入的巨大差异，也可以使各省（自治区、直辖市）自主平衡因地方经济实力差异而带来的教师工资收入差异，并在此基础上体现教师工资收入的激励性特征。

（2）核定全国义务教育阶段教师基本工资、各类津贴构成标准及发放保障的承载主体

第一，由中央政府负责落实教师基本工资的构成及发放标准。中央政府按照地域条件、人口密度和经济发展水平三个维度对全国教师日常生活、工作所需基本工资进行调研，对教师每月基本工资总额做出明确统一的规定，并由中央财政按月足额发放，确保全国范围内教师基本工资收入均衡化。具体办法是：① 以国家统计局统计的全国 32 个省（自治区、直辖市）的人均年收入额为基础，将其均值化并形成一个全国统一的人均年收入额，中央财政以此为基数来确定全国教师的年度基本生活工资值；② 将全国不同行业的相应职称、职务类别的人均年收入额予以均值化，然后以此为标准确定全国不同教师职称、职务的人均年收入岗位工资值；③ 将上述两项人均年工资收入构成合计，由中央财政按月足额发放。

这样操作不仅可以确保全国各地教师日常生活工作的正常顺利开展和全国范围内教师工资收入额度相对统一化，最大程度地减少国内各地教师的工资收入差异，还可以最大程度地防止全国各地教师因工资收入失衡而产生的不平衡心理。

第二，由地方负责落实教师各类津贴的构成及其发放标准。确定基本工资后，剩余的各类津贴交由各省（自治区、直辖市）自行确定发放，为确保全国有统一的模式，可将各类津贴划分为专项津贴、工作津贴、考核津贴三大类，其中具体津贴子项目由各地依据本地情况自行定夺。具体办法是：① 三类津贴中，将农村任教或其他特殊津贴予以单列，其发放依据和数额由各省（自治区、直辖市）自主确定，并由省级财政统筹，统一按月足额发放；② 将工作津贴和考核津贴交由县级财政统筹予以统一发放，其发放依据和额度由各县自主确定；③ 无论哪类津贴，省、县两级均须对其发放额度、依据、对象制定出明确的"实施方案"和"操作细则"，以供具体操作执行。

上述办法不仅可以减少省、县两级各自地域内的收入不均衡现象，还可以使各地通过自身财力对教师的工作成效实行有效的激励，不至于诱发教师之间对抗性行为的产生。

（3）完善当前教师绩效工资制度

第一，明确教师绩效工资制度实施功能发挥所针对的对象。绩效工资制

度实施的针对对象大致有三类，第一类是作为考核主体的校长，其最关注的是"权"，即获取校长负责制下的最大权力。因此，要赋予广大校长日常教育行政管理等人事权力及相应的经费支配、使用、管理权力，使其自觉承担本应由其承担的各种职责与义务。当然，要特别注意防止其权力滥用。第二类是作为被考核对象的任课教师，其最关注的是"利"，即获取教师负责制下的最大利益。因此，在考核过程中，除定量、结果性教学指标外，还应制定相应的定性、过程性非教学指标，将与之相关的各种活动项目逐一细化、量化并赋以相应考核分值。第三类是作为考核监督者的所有教职人员，其最关注的是"责"，即获取社会负责制下的最大监督权利。因此，应尽可能地赋予其畅所欲言的机会，让其充分表达对绩效工资制度实施过程中存在的问题的意见和建议，以有效营造与净化绩效工资制度实施的整体环境。

第二，确定教师绩效考核实施项目内容构成和奖励分配比例。首先，针对绩效功能侧重不同，可将基础性工资的考核与职称挂钩，奖励性工资与个体贡献挂钩，要强化对"质"的考核；针对教师职称评定"一锤定音"的静态做法，组织一个外部独立的认证委员会，努力使教师职称认证与再认证处于一种动态过程中，确保教师继续保持已有的教育教学水平；针对"七三开"比例下的奖励性绩效工资构成不足以最大程度地激励教师工作积极性的问题，可以采取"五五开"的奖励比例进行划分，以确保教师的教育教学水平在压力下得到提高。其次，针对教师绩效考核中的关键指标，应对其予以完全明确量化并制定精确具体的考核标准，采取一些人为措施解决诸如班级规模、作业批改量等易引发争议的问题；针对班主任工作的相关特征和师德等不宜量化的项目，可另设立专门的绩效考核评估实施方案。最后，针对考核责任和评判标准，应针对被考核对象的基本工作量及其评价制定出相应的标准，对其工作量与报酬做出等级划分，此间要特别注意考核层级间的合理差距，确保不同层级间的预期报酬能够达到有效激励的目的。

第三，确保教师绩效考核实施细则兑现的公正、公平、公开化与及时、定时、有序化。首先，教育行政部门和学校均应就教师绩效工资制度实施问题做出相应的制度安排，另设专管监督教师绩效工资实施的专门岗位，并将该工作纳入部门及个人业绩考核指标体系之中，尤其要强化对主管人员本身的绩效考核。此间必须采取措施防止两者在考核过程中的权力滥用现象，如以省为单位设立集绩效工资监督、调控、处理为一体的专职机构予以常年巡回督促检查。其次，教育行政部门和学校要采取诸如日清月结、半年小结、年终总结等不同方式，进行阶段性、定期性绩效考核评估，要特别注意防止出现"空头支票、来年兑现、无法兑现"三种不良倾向。同时建立定期公布制度，加大国家权力机关、各级行政机关及社会监督的力度，对各级政府教育经费的执行情况进行严格检查，对违规情况进行及时查处，增强教师绩效工资兑现结果的透明度，以确保教师绩效工资考核的信度与效度。

2.关于"夜里一宿"的住房问题的解决

第一，将教师周转房建设纳入各级各地政府教育事业发展项目，予以目标考核，实行党政领导"一票否决制"。为解决广大教师过度使用周转房的问题，政府应当主动承担并着力解决这一问题，毕竟，教师周转房的建设单凭学校的力量是不够的，其职责承载主体应该是当地政府。是否将地方财政投入周转房建设是由政府财力和主要领导的主观认识而定的，之所以各地教师周转房建设成效不显，关键因素是如何确保财力集中投入这一建设。同时，就各地情形来看，凡是教师周转房建设较好的个案均系当地政府领导高度重视、资金投入足额到位的结果。可见，没有地方政府的财力作为支撑和地方政府领导的高度重视，教师周转房建设是难以真正落到实处的。因此，如下两条措施是必要的：一是由县级政府按各乡镇在编在岗教师总数 1 ：3 的比例，确定建置教师周转房的套数；按每套 30 平方米，一厅、一卫、一厨的标准进行规划设计建造。二是将教师周转房建设纳入各级党委、政府目标考核责任制之内，依考核方案予以年度目标考核兑现，对凡是未落实相关教师周转房建设的各级党政一把手予以一票否决、就地免职。

第二，设立教师住房公积金、购房补贴并确保其缴纳与发放的足额化、制度化。政府建教师周转房仅为权宜之计，要解决教师的住房问题，从根本上来说，还要使广大教师具备自己购房的经济实力。因此，在增加教师工资收入的同时，还应出台具有针对性的住房资金储备政策制度，其中最基本的是住房公积金和购房补贴两项。住房公积金的缴纳不仅可以为教师购房积累资金，还可为其购房提供贷款政策，而一次性购房补贴则可直接增强教师的购房能力，两者都能大大减轻教师的购房经济压力。但目前不少地方并未针对教师特别是农村教师实施相应的住房公积金缴纳制度，已施行教师住房公积金缴纳制度的地区，公积金数额也相对较少，更没有为教师购房提供一次性购房补贴政策。对此，国家应当采取如下两项措施：一是为教师足额缴纳住房公积金，没有为教师缴纳住房公积金的地区应当为其缴纳，已缴纳的则应参照当地国家公务员标准予以足额缴纳。二是为教师提供一次性购房补贴，凡是购买商品房的教师均可按教龄、职称享受不同额度的一次性购房补贴，具体补贴额度以所购商品房总价的 1/5 为基准。之所以将一次性购房补贴的数额控制在房价总额的 1/5 以内，是因为这一补贴比例既能解决教师购房的燃眉之急，也符合教师个人住房以自购为主的基本原则。当然，这只是一种类似政策建议的想法，要想真正落实这两项政策，还需要各级各地政府将其纳入政治议事日程之中，制定出切实可供操作的具体实施方案才行。

第三，为教师购房提供具有优惠政策条件的限购商品房、经济适用房、教师集资房。在为教师提供临时周转房、增强其购房经济实力的基础上，鉴于当前房价仍然极大程度地高于教师购置能力的事实，还要为广大购房教师提供不同类别的廉价房源。具体办法包括：① 由各县级地方政府牵头，联合规划、国土、建设、房产、民政、工商、公安、教育八大部门，召开农村教师安居工程联席会议，就如何为教师提供廉价房源及其购置方式进行专题研究讨论，并出台相关政策。毕竟，教师住房问题不是教育部门所能单独解决的问题，必须各部门齐心协力、共同联动才能解决，因此，需要党政一把手出面协调召开部门联席会议，共同研究制定具体实施方案。② 由县政府按照 3：4：3 的比例分别在县城建设限购商品房、中心乡镇建设经济适用房、任教乡镇建设教师集资房，为广大教师提供购置房源。目前，许多教师特别是农村教师都有一个明显的问题，即居住地与任教地非同一地，存在着大量的"走教""通宿"现象，这既给教师带来了生活和工作的不便，也大大地影响了学校教育教学工作的正常开展，因此，本着"居在教地"的原则，避免教师特别是农村任教教师居住县城化、走教化的不良倾向，需要将房源按县城 30%、中心镇 40%、所在乡镇 30% 的比例予以建造提供。③ 明确以上三类房源的购置对象、条件及其购置优惠额度。三类房源均向全县所有教师开放出售，为了解决不同教师的客观问题和主观需求，所建房源优惠价格比例可以按照市场价格的 20%、40%、60% 予以依次递增。

事实上，上述政策措施在全国各地是有实施的可能性的，因为目前各地有许多中心乡镇在经济发展水平、工作环境、居住条件等方面也不完全劣于县镇。

（三）教师身份认同危机精神来源问题的解决

教师身份认同的许多问题是由物质来源引起的，所以在解决因物质来源产生的相关问题后，原本复杂的精神问题也就相对减轻不少。教师身份认同危机的精神来源有生理和心理两方面，二者共同造成了教师普遍的职业倦怠，因而教师职业倦怠是解决教师身份认同构建精神来源问题的核心，而要解决该问题，除教师自身的努力外，还需要社会、家庭乃至全体社会成员共同解决两类职业倦怠问题。

1. 关于工作压力性职业倦怠问题的解决

（1）管理制度的民主化问题

教育管理学的基本原理告诉我们，只有以民主的方式将教师纳入管理系统，才能增强教师的主体意识和自我管理意识。因此，学校管理人员应当采用人本管理方式，充分重视教师的各种需要，给予教师必要的人文关怀，让教师感受到来自组织的温暖，以提高其身份认同感和归属感。

第一，实行民主化管理方式，增强教师的主体存在感。教师民主参与管理本质上是广大教师与学校党政领导真诚沟通、相互合作的过程，因而学校管理人员要将广大教师视为学校发展的核心力量予以高度尊重，通过各种途径让广大教师切实参与学校各项事务决策、政策制定和具体管理过程，以增强教师的主体性、责任性和自我成就感的方式减少其职业倦怠感。在当前形势下，学校要建立有效的教师资讯反馈机制，并增强教师在学校现实决策中的作用。

第二，给予教师人文关怀，增强教师的群体归属感。从某种意义上说，人不是活在物质空间中，而是活在精神世界里。人如果没有良好的精神状态和积极的精神追求，即使生活在优越的物质条件下也不能"实现自我"，作为社会良知代言人的教师更需要他人的尊重与信任。因此，学校管理者要平等地对待教师，虚心听取教师的意见，给予教师充分发挥自身能力的空间，为教师提供各种足以增强其职业归属感的条件。比如，关心适龄未婚教师的婚恋问题，恰当解决教师子女的求学问题，努力改善教师的居住条件和工作条件；通过多种活动和方式使教师拓展眼界、增长见识，满足其求知欲，缓解教师的工作压力；等等。

让教师在这样一种充满人文关怀的工作过程中，切实消除后顾之忧，感受到来自学校的温暖。当然，这些都是说起来容易做起来难的事情，其中最关键的一点在于校长综合素质的提升，因此，强化校长素质培训应当成为远比教师素质培训更重要的任务。

（2）能力提升的针对性问题

造成教师职业倦怠的因素除了管理的非民主化因素外，还有两个重要因素，就是教师的教育能力难以胜任现实日常教育教学的需要和教师的思想观念难以进行有效的自我统整。可以从以下几方面提升教师的教育能力：

第一，切实增强职前职后教师教育培养的针对性。不仅要增强职前教师专业知识技能和课堂教学实践能力的培养，对未来将担任教师的师范毕业生进行扎实的教师专业训练，还要严格遵守教师职业规范和职业准入制度，对不同阶段的任职教师的学历资格做出相应规定，并突出教学实践能力的考核，特别是在中小学阶段，对教师晋级的考核不应过分注重对教师的学科专业知识的考核，而应以提升其教学实践能力为首。同时要切实增强职后教师教育培训的针对性，通过开展校本培训、校本教研，鼓励教师在教育教学过程中不断地对自己的教学实践及其背景、实践中的相关问题进行反思分析以提高自身的反思能力。

第二，切实加强教师自我统整培训的针对性。教师身份认同自我统整有两个重要方面：一个是其对自身所从事的教师职业的内涵构成及其价值取向出现认识偏差；另一个是其对教师系统内部不同阶层（比如城乡、中小学和大学）之间因不同特质及由此带来的不同经济、政治地位和待遇出现的认识偏差。

这些偏差不仅需要教师进行有效的自我统整，更需要我们有意识地对教师进行关于教师职业本身认识的培训。为此，要加强教师上述两方面的培训，通过培训加强、加深广大教师对教师职业特殊性和不同职业门类及同一职业内部不同层级上的差别的理解，最终在价值取向上形成恪守本职工作、爱岗敬业的职业道德伦理操守，确保自身心理平衡而不至于在与其他职业和其他教师的比较中丧失斗志或出现心理失衡。

在此基础上，还需加强对教师自我统整能力的培训。单凭知识难以确保教师自我心理统整的平衡，必须加强对广大教师这方面的能力培训，因为心理统整无外乎心理平衡，而价值期望理论、归因理论、动机理论、人格发展理论、情感态度理论等知识的学习不仅有助于广大教师更深入地了解当下社会运行的相关机理，也能促使其更好地理解自身所从事的职业内涵，提高其自我心理的统整能力，从而确保其心身有效平衡。

不管通过何种方式，只要教师能够深入了解社会上不同职业、不同人群的集体生存境遇，全面了解自己的生存状态，并确保自己最终达到一种和谐的心理境界，不至于因社会上存在的各种与己不合的人生观、价值观、职业观、义利观而将自己本应具有的教师职业操守抛诸脑后，这种自我统整能力培训就算是卓有成效了。

（3）职称评定的激励性问题

职称评定是教师考核评价的重要内容，也是影响教师职业认同的一大重要因素，在某种程度上是教师工作压力性职业倦怠的根本所在。教师的职称不仅与物质利益直接相关，还是教师教育水平及教学能力的反映，更是教师外在身份标识价值实现程度评判的参照物。

关于职称评定，如下两条是最为关键的：一是明确职称评定的量化条件和标准。各级各地政府应当就教师不同层级职称，特别是对那些能够体现教师教育教学实践能力核心条件的职称评定做出公开明确的量化标准。因为一个没有明确区分度、可操作性、执行力的职称评定方案不仅无法用来考核评估，更会对教师身份认同产生负面作用。二是职称评定要确保客观公正。有了公开明确的职称评定条件和标准，并不一定就能客观公正地付诸施行，还需进一步杜绝因人情不顾标准的现象。因为这种现象一旦产生，不仅使职称评定原本具有的激励功能荡然无存，对教师身份认同也会产生消极影响，还会诱发教师外在、内在价值取向的颠覆式逆转。

2. 关于认知观念性职业倦怠问题的解决

（1）尊师重教的社会氛围营造问题

大力营造尊师重教的社会氛围是解决教师认知观念性职业倦怠的基本措施，是包括支配阶级、教育思想家和普通社会民众在内的所有人都必须为之努力并需达成的目标。

第一，正确看待教师的劳动及其价值。只有正确认识教师的劳动及其价值，才能使教师在社会中享有较高的职业声望和社会地位，而职业声望和社会地位的保证，是营造尊师重教社会氛围的必要条件。美国社会学家华勒（Waller）

认为，教师是接受社会委托专门从事文化传播的人，他们在教育过程中还承担着协调成年人文化和未成年人文化的任务。法国社会学家埃米尔·迪尔凯姆（Émile Durkheim）也认为，教育在本质上是一种权威性的活动，集中表现为道德权威，而教师是社会道德意志的代言人。可见，学界对教师作为知识文化传播者和社会道德权威者的认识是高度一致的，这样一种职业理应受到世人的尊重。

第二，给予教师合理适切的社会期望。每个人都在社会中扮演着一定的角色，只有当社会地位与社会期望两者处于均衡一致的水平时，角色的功能和作用才能得到最大程度的发挥。给予教师合理的社会期望，意味着要正确地看待教师的"能"与"不能"，只有正确地认识了教师的"能"与"不能"，才能正确地对待教师的工作，让教师在最大限度地发挥其"能"的作用的同时，缓解教师的紧张、焦虑、抑郁情绪，减轻教师的社会压力，并有效防止相关心理问题的产生。针对不同教师要给予其不同期望，因为并非所有人都能"实现自我"，教师并非圣人，我们不能要求每个教师都成为集教学专家、科研能手、管理精英为一体的人，也并非所有问题都可以依靠教师的力量解决，教师作用的发挥需要国家、学校为其提供相关条件，也有赖于家庭、社会的支持与配合。

第三，强化教师社会良知代言人的身份角色及其职责功能的倡导、宣扬和坚守。教师是社会良知的代言人，我们理应相信其具有的专业能力可以对其所教育的学生做出自己的判断，并具有评价自己学生的学业成绩与道德发展的能力。我们不能将教育过程的道德性与教育方式的道德性混为一谈，从而将教师置于一种道德两难的境地，特别是不能因对学生主体性的确定而去遏制教师专业性的发挥。

（2）不同社会群体所应承担的责任与作用问题

要想营造教师身份认同的基本价值取向和尊师重教的社会氛围，需要多方共同努力，那么，不同社会群体应当各自侧重承担哪些职责，发挥哪些具体作用呢？

第一，支配阶级所应承担的责任和发挥的作用。支配阶级在切实提供教师身份认同物质来源及制定相关行政管理措施的同时，围绕教师职业倦怠方面应主要解决两个问题：一个是思想观念方面的，即国家行政人员应当从内心真正做到尊重知识和尊重教师。这种尊重不只体现在其操控的资源和物质利益分配上，更体现在其本身对教师的人格尊重上。另一个是制度设计方面的，即支配阶级应当从国家制度层面为教师提供从事政治管理的相应途径。

从教师产生的根源来看，教师原本所承担的职责功能与政治管理者从事的具体事务在本质上是一样的，都是化民成俗并引导社会正向发展。简言之，"学而优则仕"在某种程度上是一种相对合理的社会政治制度或相对理想的治世模式。教师身份认同之所以出现危机，最初也是因为这一观念的弱化，因而支配阶级应当设法寻求一种可以使教师直接从事政治管理事务的路径，以满足其"达则兼济天下"的社会担当。

第二，教育思想家所应承担的责任和发挥的作用。由于教育思想家的言论具有科学性和启蒙性的双重功效，加之教育思想家与教师具有天然的内在联系，因此其对教师身份认同构建的作用更加举足轻重。事实也表明，许多教师的职业倦怠问题都是因为教育思想家所宣扬的价值取向与教师原本坚守的价值取向相互矛盾所致。

因此，教育思想家在解决教师职业倦怠问题时应当着重承担如下两方面的职责：一个是对教师工具价值与生命价值的辩证理解。当前最重要的是要摒弃那种因过往片面强调教师工具价值所带来的负面影响时，以教师生命价值的正当性而全面否定教师的工具价值的做法。另一个是在此基础上，树立正确的教师义利观，要将"正其义不计其利，明其道不计其功""舍利取义"的义利观作为教师价值取向的主导方面予以阐释、解读、宣扬和引导。

第三，普通社会民众所应承担的责任和发挥的作用。此处提到的普通社会民众包括教师的家庭成员、学生家长、大众传媒从业人员等。就内容而言，普通社会民众在解决教师职业倦怠问题时主要涉及负面遏制和正面引导两个问题。

教师的家庭成员应当给予教师宽容和理解，因为在家庭与工作两个领域中，一个领域的行为和感情会带到另一个领域，对家庭的高满意度会迁移到工作中，从而增强教师的职业认同度和满意度。因此，教师的家庭成员应对处于不同职业生涯阶段的教师给予不同侧重点的支持、理解与帮助，而不是讽刺、埋怨。毕竟家是每个人内心深处最温暖的港湾，无论在外经历多少风雨坎坷，曾经怎样失落迷茫，家总能给予人包容、宽宥，这对缓解教师的工作压力，使其放松紧张心情和保持心理健康显然是有益的。

学生家长应当尊重教师的人格，信任并赋予教师教育、管理自己子女的权利，与教师建立一种基于道德和教育之上的正常交往关系，而非通过权利去腐蚀、破坏教师职业的神圣性和道德性。

大众传媒从业人员应加强对教师正面形象的塑造、确立与宣扬，坚决遏制以极端个案形式、以点带面去抨击教师集体的行为，并对那些潜在的、促使教师价值取向异化的思想观念和行为予以揭露和批判，这一点在当下这个时代尤为重要。

三、教师身份认同构建的内部自我统整

内因是依据，外因是条件，外部集群形塑只能对教师身份认同构建产生加速或延缓的作用，真正促使教师社会身份认同构建得以切实形成并确立的是教师个体观念的内部自我统整。如何进行自我统整呢？这便是以自律为基础的教师个体自重、自立、自洽，以及经由教师个体到群体的整体教师文化的形成、确立及践行。

（一）自律：教师身份认同构建内部自我统整的基本思路

由于教师职业涉及各个方面，其具体活动会受到诸多因素的影响，并且这些影响有时候还会从根本上违背教师本身的意愿，因此，教师身份认同更多体现在个体的自律上。自律就是自我约束，那么，以什么来自律呢？以身为人师的社会良知代言人及其相应的行为职责操守来自律，即当下所说的教师专业伦理——为了更好地履行责任，满足社会需要，维护职业声誉而制定的一套一致认可并为之付诸施行的伦理标准。而教师要做到自律，三方面内容是必不可少的。

1. 价值取向的确立：教师身份认同构建的核心问题

美国心理学家罗洛·梅（Rollo May）曾指出，空虚、孤独和焦虑是20世纪中期现代人的三个基本特征。的确，在当下这样一个看似科技发达、物产丰裕的时代，越来越多的人对自己没有一个清晰的概念，他们不知道自己想要什么，时常有一种痛苦的无力感，这种无力感便是空洞、空虚，这是一种人们对自己的生活及自己生活的世界无力做出任何有效事情的感受。

内在的空虚是一个人长期积聚的对自己特定信念不信任的结果，由于他已坚信自己无法成为自己生活的指导者，也无法改变他人对自己的态度或有效地影响周围的世界，因此产生深刻的绝望感和无力感。伴随空虚而来的是孤独，而空虚和孤独又导致焦虑，我们之所以焦虑，是因为我们不知道应该追求怎样的角色，应该相信怎样的行为原则。焦虑与恐惧不同，恐惧时，我们还知道是什么在威胁着我们，并知道如何采取措施去避免危险，但在焦虑中，我们虽然受到了威胁却不知道应该采取什么措施来应对危险。焦虑久了，便会使人们迷失方向，不知道自己是谁、自己在做什么，因此，焦虑才被视为人类健康幸福的"最大破坏者"。焦虑的本质是一种混乱或不确定性，但混乱的根源又是什么呢？主要是社会主义核心价值观的丧失以及由此带来的人的价值感和尊严感的丧失，由于没有确立自己行为处事的社会主义核心价值观，因此许多人不是根据行动本身，而是根据该行动的被接受程度来判断其行动价值的。

事实证明，我们对自我与周围客观世界的关联能力越强，我们被威胁和征服的可能性就越小。因此，要构建教师身份认同，教师首先要加强自我意识，找到自我力量的中心。自我意识从外部的视角来看待自我的能力，是人类区分自己与世界的基础。有研究者指出，在大多数教师的内心世界里，对其影响最深的矛盾是"我应该的"和"我想要的"之间的矛盾。

由此可见，教师身份认同构建内部自我统整的核心是如何让教师把"我想要的"转化为"我应该的"。当教师用太多的"应该"来取代自我的时候，他们实际上已经在构建一个虚假的自我来应对这个世界，这个虚假的自我，用瑞士心理学家卡尔·荣格（Carl Gustav Jung）的话来说就是"面具"。教师是"面具"欲望较强的人，因为教育本来就是一种道德性要求较高但又很难达到这一要求的职业，需要在他人面前证实自己具备应有的标准和条件，久而久之，教师也会将这个"面具"视为自身，而当他们真实的自我为"面具"所取代时，就会压抑他们自身的生命力。因此，教师要超越环境就必须要有在压力面前坚持自己的勇气和专业精神，这种自我力量的中心便是社会良知代言人——教师的核心价值取向。

2. 自我统整：教师身份构建的基本路径

教师身份认同构建是以社会良知代言人自律的自我统整来进行的，实现有效的自我统整主要包括以下两方面：

第一，自我结构内部的统整。自我是复杂的，早在 20 世纪初，美国心理学家威廉·詹姆斯就将自我分为"被认知的客体"和"认知的主体"两部分，并进一步将自我分为"物质我、社会我、精神我"三个组成层级结构，之后奥地利精神分析学家弗洛伊德，瑞士心理学家荣格，美国社会心理学家乔治·赫伯特·米德（George Herbert Mead）、亚伯拉罕·马斯洛（Abraham H. Maslow）等也对自我进行剖析和区分，无论学者对个体自我结构做出如何划分，笔者认为，自我的内部由身、心、灵三部分构成。

身主要包括个人的肉体以及肉体所外显出来的言语和行动；心主要包括个人的知识、个人情感以及意识和意志；灵则主要包括个人的信念、价值观以及生命深层的活力。从理论上来说，灵是生命的根本，是我们存在于世的意义所在，它主导着我们的心并促使我们的心去寻找特定的知识，产生一定的情感、意识、意志。身受心的支配，即个体的言行源于我们的所知、所感和意识，只有三者处于和谐统一的状态，一个人才能更好地生活在这个世间。因为身、心、灵的不同层次之间存在着很多矛盾，这些矛盾彼此纠缠、相互对抗，会影响个体的发展，所以需要自我结构内部统整。

第二，自我与环境的关系统整。除了进行自我内部结构的有效整合外，教师的身份认同还会受到环境因素的影响，这种环境因素可以分为两类：一类是"物"的环境，另一类是"人"的环境。就前者而言，唯有个体有了清晰明确的人生价值观，发现了人生在世的意义，个体才有可能理解环境、正视自己，才会在洞察和超越环境的种种束缚之后获得自由、健康的发展。就后者而言，只有清楚自己是一种关系性存在，理解并接纳别人对世界的理解，我们才能从"他者眼中的我"发现自身的价值。自我内部统整的作用在于让人理解、接纳自我，而自我与外部之间关系统整的作用则在于超越环境的同时又将自己融入环境，在环境中不断发现自我成长的力量。此间，教师应当做的是尽可能地对环境和他人做出良善的判断，从"善"的出发点去推测他人的行为，避免怨天尤人和逆来顺受两种不良观念与情绪。事实证明，教师获得他人认同的程度越高，教师对自我身份现状的肯定评价就越高，反之则越低。

3. 知行合一：教师身份认同构建的基本准则

教师身份认同构建的关键是在自我统整的基础上确保心口一致、心行一致，做到知行合一。在这个时代，教师需要在坚守社会良知代言人这一核心价值取向的同时，自觉抵制各种诱惑，克服心理失衡，恪尽职守地完成自己的教育教学任务，做到高度自律。只有高度自律并确保知行合一，教师身份认同才能最终得以有效而坚实地构建起来。外在规范如果不能得到主体的价值认同，便不能产生精神感召力量。教师身份认同构建的根本在于教师自主意识的提升和主体地位的强化，通过自主意识的提升，使教师摆脱外来的机械控制和反思自身过去与当下行为的主体实践意义。教师要担当起"人类灵魂的工程师"的职责，不仅要做一个有知识的人，还要做一个有社会责任感的人。在现今社会中，教育者尤其要对教育的知识目标以外的价值维度保持自主反思，发挥应有的为社会服务和对社会批判的职能。时下教师所缺乏的也许正是一种既"迂"且"直"的精神，教师专业精神的立足点固然离不开知识传授，但更应该具有人格担当，知行合一、心行一致应该成为教师最高的自律准则。

（二）自重：教师身份认同构建内部自我统整的前提条件

从价值判断上讲，教师是一种应当受到世人尊重的职业，但由于不同历史发展时期社会发展的具体状况不同，因此教师受人尊重的程度是不一样的。此处要探讨的是，无论他者和社会是否尊重教师，作为教师本人都应当做到自尊自重。这是教师身份认同构建内部自我统整的一个前提条件，如果连教师自己都妄自菲薄、顾影自怜，那么又怎么能奢求他人和社会尊重教师呢？

1. 教师应当自尊自重

（1）教师自尊自重的原因

第一，任何民族和国家都需要继承和发展其既有文化，作为文化传承的基本手段，教育自出现时就已确定自身与社会、个体的工具性关系。教育的这一工具属性又决定了教师的地位及其价值，因为从根本上说，尊重教师即尊重教育。大处言之，这是对人类社会赖以生存的秩序的建设和维护，是对人类文化的保存与发展；小处言之，这是个体生命意义的体现和对个人行为的有效规范，达到使之成"人"的目的。作为这样一种于人类和个体都具有如此功用的职业，教师应该受到自己的尊重。

第二，虽然教师有时会因没有适时解决自己的各种具体问题而苦恼，但教师应当明白的一个基本道理是，教育只是社会诸多系统中的一个子系统。在不同历史时期，一个国家在整体发展过程中会有所侧重地发展某一子系统，因此教师应当以一种系统论的观点看待自身的地位问题。另外，虽然一种职业社会地位的高低通常与从业者的专业水准呈正相关，但它还与从业者本身对该职业的自重程度高度相关，一种连从业者自己都不尊重的职业肯定无法得到他人的尊重。因此，教师理应"自尊"方能"被尊"，唯有"自重"方能"他重"。

（2）如何才算"自尊自重"

第一，要坚守良善社会赋予教师的制度权威。教师既然是社会代表者，那么从严格意义上讲，他所承担的就不仅是人类文明的传播职责，还有国家及其支配阶级的价值取向，因此，任何国家都会赋予教师外在的权威形象，对教师的尊重实则是对国家本身的尊重。因此，教师自尊首先要主动维护国家赋予其的制度权威，这样可以维护自身社会地位并发挥自身的功能。

第二，要拒斥他者对教师的妖魔化与非正当要求。除了自觉维护国家赋予自己的地位外，教师还应当同损害或败坏教师个体或集群形象的各类行为进行斗争。当前，特别要对那些因某一极端个案而出现的对教师集群污名化的现象和忽视教师物质和精神上的需求的不正当、非合理要求提出抗议，为获取自己身为人师的正当权益做出积极努力。

第三，要通过卓有成效的日常教育教学活动，在实践中切实履行教师的职责和坚持教师的道德操守，以自尊的形象与行动来展示身为人师的自信。

2. 教师应当维护自身尊严

（1）教师维护自身尊严的原因

教师的自重不仅体现在自尊上，还体现在对自己应有威严的维护上，具体原因包括以下两点：

第一，维护教师自身尊严是教育教学过程特质的应然体现。从学校和教师的角度来讲，学校教育教学活动的特点就是由教师引导学生在学习掌握人类既成知识、技能、态度的基础上，促使学生的身心得以发展与完善。教育在其产生与形成之初就在客观上规定了师生之间的一种先知后觉的关系，在这种关系下，教师的权威不仅来自其专业权威，还来自其制度权威。

从学生角度来讲，学生生理、心理发展的特征决定了其在教育过程中相对于教师来说只能是客体，因为学生的认知理智、道德情感等都处于成长发展的过程之中，对既存自然、社会和自身的诸多现象还处于懵懂无知的状态，还远没有能力认识到自己的行为可能带来的后果，因此他们只能服从社会领域中权威的引导。

第二，维护教师自身尊严是保证学校教育教学质量的必然要求。没有教师起码的权威作为保障，教育教学过程就无法开展，教育教学质量也无从谈起，毕竟在现实的学校课堂教学中，不同的教师对学生身心发展的影响及其结果是截然不同的。如果将教师起码的权威都抹杀了，无疑会削弱广大教师的教育积极性，学生也会恣意妄为，最终将导致"教师不闻不问，学生乱学不学"的状态。显然，这一情形与提高教育教学质量的理想格格不入。

（2）怎样做到"维护自身尊严"

要做到维护自身尊严，教师应当着重考虑如下三个问题：

第一，正确认识教育中民主与权威、自由与约束的辩证关系，尤其是民主与自由的前提与限度问题。民主与权威、自由与约束向来是辩证关系，在教育过程中亦不例外。教师应当就如下问题达成广泛共识：在教育过程中，由于各种制约力量的客观存在、教育的本性，以及教育作为社会结构中的一个亚单位而不能摆脱整体社会的控制等原因，我们必须承认，讨论民主与自由不能以否定这些现实客观条件为前提，必须承认诸如权威、约束这些因素存在的客观性和合理性。同时，讨论民主、自由等更不能离开具体的教育教学过程，只有在考察各种约束性力量的基础上，结合教育教学过程中的具体问题才能谋求一定范围内的民主与自由，否则便是空谈。因此，教师应当弄清理想与现实的差距，从而明确民主、自由在现实社会中的限度问题。

第二，合理构建教师权威的形式与实质内容。教师要强化自身传统的"天地君亲师"和"传道、授业、解惑"的教师形象，坚守社会和国家所赋予教师的正向发展的制度权威，确保教师应有的这种权威，不因公众需要和态度的变化而变化。教师还要运用技巧建立实质权威，毕竟，能否引起学生的兴趣并激发与保持他们长期学习的愿望是教师实质权威建立的基本条件和标志。所以，教师必须高度关注自己的综合素质，尤其是教学能力的提高，否则不仅其正当权威难以得到确立，可能还会产生相反的效果。

第三，谨防教师权威的滥用。权威是指在一个社会控制系统之中的某个特定规则的来源、解释者或执行者，如立法者、法官、裁判、警察、牧师等。教师在相对合理的规则之下行使自己权力的行为应当予以肯定与提倡，但由于教育过程的复杂性使得规则本身不可能完善，而教师作为教室中唯一由制度赋予权威的人物，也很容易因缺乏权力的制约而出现极端情况，因此，加强师德便成为又一当务之急。

教师是否具有正确评判学生的学业成绩和自己的工作水平的权力和能力？严格来讲，作为一种职业，教师应该完全具有评判学生的学业成绩和自己的工作水平的权力和能力，但在现实中，教师的这一权力却受到了来自各个方面的限制，如学校中的决策权、人事权、财政权等权力并非由教师自身决定，而是由学校的科层管理人员决定的。因此，在当前强调中性评价甚至无评价的新基础教育改革中，教师应当坚持发挥自己评判学生的学业成绩和自己的工作水平的基本职责功能。

（三）自立：教师身份认同构建内部自我统整的必要条件

自立是自内而外证明自身的存在意义和实现自我价值的基本方式。自立离不开自己的专业素养和智能水平，事实证明，教师的专业发展程度越高，其对所从事的教师职业的认识就越全面，其职业行为倾向也会越明显，继而在职业活动中体验的自我价值也越深刻，身份认同感也越强。因此，教师应当具有明确的以自立为核心的自我发展意识，不断谋求自立能力的提升，通过自立实现自我价值的确认，获取他者的尊重。

1. 立言立德，正己正人

（1）立言立德，书要教好

书要教好，这是从知能方面来讲的，即要求教师将相关知识技能教给学生并确保学生能够掌握、运用这些知识技能。书要教好，关键要做好以下两点：

第一，切实具备教会学生知识的素养。这种素养主要包括三类，第一类是系统扎实的学科知识。教师只有掌握任教学科的专业知识，才能在教学中做到"资之深，则取之左右逢其源"，才能准确把握自己所授学科的重点、难点，将知识活化并促使学生举一反三。第二类是实用的教育专业知识。专业的教师不仅要有某一学科的专业知识，更要具备相当广泛的教育专业知识，具备教育专业能力。只有这样，教师才能在错综复杂的教育情境里做出最佳的教育行动决策，并依据行动结果适时调整自己的行动方案和步骤，从而确保"教会"。第三类是广博的公共文化素养知识。教师工作的对象是有待进一步发展的人，因此有必要强调教学工作的人文特点，强调教师对普通文化知识的掌握，这样才能使自己的教学内容丰富多彩并给学生提供更多获取知识的机会,促使学生素质的全面提升。

第二,切实具备教会学生知识的能力。教育对教师最为重要的要求不在于教师本人的学术水平,而在于其教育和教学能力。教育教学活动不是科学,而是一门艺术。教育心理学的研究表明,教师的教学能力与教师的学术水平并非高度正相关,只要达到一定的临界值,那么其教学活动的成败就取决于其有效教学的水平。因此,如何将既有知识有效且迅捷地传授给学生便显得尤为重要。在笔者看来,教师的教学能力主要包括语言表达能力、文字书写能力、课堂现场控制能力、突发事件应变处理能力、班级组织管理能力、学生心理规律把握能力、教学实践反思能力等。所谓"冰冻三尺,非一日之寒",教师只有在教育教学实践中才会逐步得以掌握、形成和完善这些能力。那么,如何解决学科的专业性和教育技术技能的专业性问题呢?本质而言,一个专业之所以能够成为专业,在于其对知识的要求是精深复杂的甚至是垄断的,但拿中小学阶段的教育来说,这一阶段对学科知识的这一要求并非精深,更谈不上垄断,但凡受过教育的人都会具备相应的学科知识,只是掌握程度不同而已。如果说学科知识的非精深垄断性制约了教师的专业化发展,那么教育技术的专业性不强则是教师得不到高度专业认可的根本原因。因为前者涉及的是"教什么"的问题,后者针对的却是"怎么教"的问题,这是一个更需要专业智慧技能的领域。如果教师在教育教学技能上能够具备超出专业人员所独有的那些技术技能,其依然可以凭此安身立命而无任何身份认同困难。关键是当下"教育学"为我们提供的这些技术技能并未达到这一要求,简言之,囿于教育对象的多样性和差异性、过程的滞后性和长期性、情境的复杂性和多变性,教师在教育学方面的知识远不能解决其在教育实践中面临的诸多问题,于是教师专业的地位也就大打折扣。

(2)正己正人,人要教好

教师不仅要在知识技能层面把学生教好,还要在自己把人做好的前提下将学生教好,让学生形成良好的品质和健全的人格。而要把学生教好,教师至少要具备如下三方面的素质:

第一,具备将学生教好的德性。教师的德性是指教师在教育教学过程中不断修养形成的一种获得性的内在精神品质,它既是教师人格特质化的品德,也是教师的教育实践性凝聚而成的品质。它不是教师与生俱来的素质,而是一种后天获得的职业角色品质。教师要想把学生教好,自身必须具备应有的德性,成为道德的化身。德性在西方被称为"善",在中国被称为"仁",无论如何表述,其核心都是良知与爱心。一个本身邪恶的人培养不出品行正直的学生。

第二,具备将学生教好的善性。仅凭良知和善心不足以将学生培养成为良善正直之人,因而身为教师还应具备善性,这种善性不仅体现在用仁爱之心去对待学生和自己的日常教育教学行为上,还表现在依循自己的善心去做事上,在教育教学和日常生活中通过自己的言行举止去为学生树立榜样,确保自己堂堂正正、清清白白,不因流俗而失风骨节操。

第三,具备正己正人的行动。于学生而言,教师不仅要对学生存在的不良品行予以及时训斥指正,对学生的不良学习行为予以批评教导,还要对学生家长存在的部分错误的教育方式和行为予以正确引导,并提出建议和措施。于社会而言,教师应以社会良知代言人自居,关注整个社会的总体发展态势,这既表现在对国家整个教育制度的不良运行和社会诸多不良社会风气所进行的理性批判,也表现为对正义公平的倡导、维护和传播。《素书》中说"德足以怀远,信足以一异,义足以得众",现代教师专业伦理也强调职业群体要为履行职业责任、维护职业声誉而制定一套被人认可的、可以付诸施行的伦理标准。在此情形下,具备强烈的事业心和责任感,在工作生活中表现出得体的言行、高尚的道德情操和高度的修养水平,将成为教师的基本构成要件。身为人师就是要让自己以一种社会良知代言人的形象出现在学生和社会所有人的面前。

2. 为学修身,强身健体

(1) 为学修身

如何才能更好地做到立言立德、正己正人呢?"打铁必须自身硬",这需要教师从两方面来加强自身的自立能力。

第一,为学,即不断学习。不断学习不仅是教育教学的需要,也是教师自我提升的需要。特别是在当今这个终身学习的时代,"活到老,学到老"已不再是一种口号或理念,而应成为一种充实自己的必要之举。

教师要尽可能地学习一切有用的知识,但结合教师的职业特征,以下两类知识是不可或缺的,一类是本学科的专业知识。如果一名教师连自己所教学科的知识都掌握得不够,在为学生答疑时捉襟见肘,显然是无法达到"教会"学生的要求的，因而，教师必须能够解答学生求学过程中对自己所教学科提出的疑问，这是"解惑"的基本要求，为此，教师对本学科知识的重点、难点及其不同层级的关联情况要做到了如指掌。另一类是文史哲社知识。如果一个教师除了自己所教学科的专业知识外，对其他人文社科知识所知甚少或几近无知，这不仅有碍"教会"学生，也会严重影响"教好"学生，因为教师与其他职业最大的不同便是其工作对象是"人"，既然是人，教师就必须了解与人相关的学科知识，实践也表明，成功的教师，除了自己的专业知识过硬外，都是颇具人文哲社功底的。这些人文哲社知识之所以重要，是因为它们能够提高教师的一般迁移能力，这种一般迁移能力能够有效促进教师的教育教学行为，提高教育效果。

那么，又该如何"为学"呢？最重要的是要做到两点：一是要有不断学习的意识，即教师要从内心认识到不断学习对自身的重要性，而不是在外部力量的诱导或强迫下才进行无可奈何的学习。例如，有部分教师是在学校规定甚至是在与绩效工资挂钩的情形下才被迫学习的。二是要养成读书的习惯。学习的方式有很多种，比较重要的一种是读书，因为书籍不仅是知识的精简集成，可以为教师迅速掌握相关知识提供捷径，而且与教师的工作方式、生活习惯也比较匹配。因此，教师在具备不断学习意识的基础上，要为自己制订学习计划，并坚持养成读书的习惯，时间精力不够或理论脱离实践等都不足以成为教师不读书的理由。

第二，修身。教师除了要有良好的智识外，还需要有相当的心性修养和德行。教师的仁爱之心和人格力量事关学生的精神面貌，并最终关系到整个社会的伦理道德发展水平。因此，教师要坚持不断地修身，确保自己不断向善。

相较于其他普通社会群体而言，作为社会良知代言人的教师会被天然地视为一种德性的化身，所以在面对各种私欲、名利、权势的诱惑时，教师更应该秉持自己的良知和道德勇气，坚守自己的为师原则，抵制虚假和非正义的行为。有学者将教师职业道德发展分为"任务定向、义务定向、责任定向、良知定向"四个阶段，在笔者看来，无论划分为多少个阶段，教师都应当将道德修为置于首位。

如今，关于加强教师职业道德的一种趋势是试图通过层层强化外在法律、制度、政策去规范教师的行为，事实上，无论外在的法律、制度制定得多么完备，都不足以完全令教师真正发自内心地践行，如果某一教师个体尚未发自内心地认识职业道德并自觉践行，任何关于教师的法律、法规和制度都将是一纸空文。那么，如何做到"修身"呢？中国传统圣贤为我们提供了榜样和诸多修身的方法。笔者以为，结合当前的社会情势，关于"修身"，有三方面是重要的：一是淡泊名利，清心寡欲；二是见贤思齐，反求诸己；三是涵泳体察，慎独力行。当然，这是一项艰巨的自我完善任务，还是一项难以考证、完全出自内心良知的任务。

（2）强身健体

教师要自立，除了具备上述知识、道德素质之外，还有一个更为重要的素质，便是身体健康。所有知识、道德都是由教师的身体来加以承载的，如果身体不堪重负，再广博的学识、再完满的道德修为又如何体现呢？因此，身体健康永远是第一位的，这是一个基本常识，如果连肉体都不复存，人亦将不在，那么还谈什么从事教师工作呢？

目前我国教师的身体健康状况不佳，不少教师都处于亚健康状态，部分教师患有慢性咽炎、肩周炎、腰肌劳损，甚至下肢静脉曲张等疾病，这不仅直接影响正常的教育教学工作，更会间接影响人们对教师形象的判断。因此，增强体质不仅对学生至关重要，对教师来说也一样具有决定性作用。

身体健康大致包括两方面内容：一方面，身体本身是健康的。身体健康意味着教师的体质是良好的，体能是强健的，是能够承担相应的各项教育教学工作任务的，不会因为单纯的身体不健康而影响正常的教书育人活动，通俗点讲就是"不生病"。另一方面，精神面貌是朝气蓬勃的而非萎靡的。身体健康是前提，由身体健康带来的精神面貌更为重要，教师应该是精力充沛的，在气质上是令人振奋鼓舞的，无论是与同事、学生，还是其他社会人士相处，教师都应该能够给人以学习的动力、生活的信心、处事的力量和行动的勇气，特别是在受到挫折或遭遇失败时，教师也应当能够始终保持积极乐观和豁达奋进的精神状态。

怎样才能强身健体呢？一方面，要养成良好的生活作息习惯；另一方面，要坚持定期锻炼身体。一名教师只有具有健康的身体、充沛的精力，在教育教学和日常生活中做到立言立德、欲正人先正己，才能得到人们的尊重。

（四）自洽：教师身份认同构建内部自我统整的特殊条件

自尊、自立是做给他者看的，向世人表明的是教师所具有的一种姿态以及这种姿态的具体呈现形式，但自洽是做给自己看的，它表明的是教师所具有的那种"躬自厚而薄责于人"的自律精神及行为方式。健康的心理是实现自我存在价值的重要条件。自我价值的实现离不开健康的心理，而健康的心理又离不开教师适时的心理调节，这种心理调节，我们可称之为逻辑自洽。这种逻辑自洽是教师身份认同构建的一种特殊条件。而要能达到逻辑自洽，以下三方面又是必不可少的：

1. 两类心理失衡问题的解决

在教师的思想观念中，最大的认知和心理失衡有两类：一是群外认知的平衡自洽；二是群内认知失衡和心理落差。

（1）群外认知的平衡自洽

所谓群外认知的平衡自洽，即教师对社会上其他非教师职业，由社会地位和经济收入具有明显差异所造成的认知失衡、心理落差及有效平衡问题。一个人通常是不会和那些与自己职业要求差别较大的人进行比较的，而只会与那些相关要求差别不大的职业进行比较。教师不会去和那些要求相差悬殊的职业相比，而只会和那些与自己职业要求差别不大，却在待遇方面出现较大差别的职业进行比较。按照失衡内容不同，又可以将其分为社会地位性失衡和经济收入性失衡两类。

就社会地位性失衡而言，最明显的是教师与国家公务员的比较。教师的职责功能，本质上与专事民生改善提升的支配阶级是一样的，并且成为一名国家公务员的相关条件与教师相比也并未体现出过多的差异性，所以当国家公务员享受到教师无法享受的地位和待遇时，教师便自然流露出认知和心理的失衡。

就经济收入性失衡而言，最明显的是教师与律师、医生等职业的比较。尽管医生、律师等职业相较于教师而言似乎具有更强的专业水准，但由于教师工作对象的特殊性，致使教师往往并不认为自身与医生、律师等职业有多大差别，因此当医生和律师等职业的经济收入高于教师时，教师便有一种不适感。

如果说国家公务员的社会地位缘于其所处地位的特殊性而难以企及，医生、律师等由于其专业水准高于教师而难以比拟，那么当那些文化程度低于教师、职业要求弱于教师的职业，如工厂的品管员、仓库保管员和个体商户等的经济收入也高于教师时，教师的这种认知失衡和心理落差就会更大。

（2）群内认知失衡和心理落差

群内认知失衡和心理落差，即教师面对同一教育系统内部不同层次和类别的教师，在社会地位和经济收入具有明显差异时所形成的认知失衡、心理落差及有效平衡。教师既有普通教育、职业教育、高等教育等不同系列类别，又有农村教师和城市教师的差异。另外，东部、中部、西部等地区经济发达程度不一致，即使在同一系列的普通教育里也有小学、初中、高中等不同阶段的划分，更有学历、职称、教龄、职务等多种不同因素，这些因素最终都会对教师个体的社会地位、经济收入、受尊重程度、具体事务处理的权能等各个方面造成不同影响，而这些影响又会通过认知和心理两方面对教师身份认同的具体构建过程、程度、价值取向产生制约作用。

其间，最重要的认知与心理的失衡体现在三个方面：其一是中小学教师与大学教师的差别及其认知和心理的失衡；其二是城市与乡村、公立与私立、重点和非重点学校教师的差别及其认知与心理的失衡；其三是不同行业之间教师的差别及其认知与心理的失衡。面对上述已有或可能出现的认知与心理的失衡，教师都需要进行良好的自我统整，以达成逻辑自洽。逻辑自洽就是指教师经过自我思想观念统整之后，对上述认知和心理失衡做出有效解释，并能进行有效平衡，取得可以被自身理解与接受的结果。

当然，教师要达成逻辑自洽的关键也有三点：一是自外将其视为这是不同职业差别的必然体现；二是自内将其视为自己命运安排的事实予以接受；三是努力改变或脱离教师职业以寻求心理平衡与满足。

2. 两类实践矛盾问题的处理

在教师身份认同的构建过程中，除了上述认知和心理失衡外，在实践中还会碰到如下两类矛盾：

第一，制度规定与实践的矛盾。由于最初教师是一些较其他人更具文化知识且自愿从事教育行业之人，因此他们天然具有一种自由自主的特点，即无论在主观上还是在客观上，教师都是完全按照自己的思想观念、价值取向和行为方式从事教育教学活动的。但在当前社会发展的现代性整体性环境下，加之教育的国家化和制度化，教师受制于外在因素的控制而不能自由自主地从事自己的施教活动，于是教师行为的自由、自主性便与教育实践中的受缚、受制性产生了矛盾。

要解决这一矛盾，教师需要从两方面自内把握。一方面，必须认识到由历史演进而来的这一教育发展趋势是一种客观必然。此间最应避免的两种观念是：片面地强调自己的自由、自主性并将其不合时宜地盲目扩大化；片面地认为自己能够以一己之力去与之抗衡。另一方面，要在上述认知观念的前提下，运用自己的智慧去应对并在最大程度上去维护、体现并发挥自己的自主作用。

第二，文化传递与社会良知的矛盾。教师之所以为教师，不只因为他在传播已有的知识文化，更在于他以此为基础去改善、提升大众的文化道德水平，以促使人类社会日益走向优化文明。但现代社会的发展和功利化的影响又使教师在施教过程中受到了较为消极的影响。

可以从两方面着手处理这一矛盾，一方面，在认知观念上，教师应当在传递文化知识的同时，坚守自己社会良知代言人这一角色所应发挥的功用。另一方面，在行为实践上应坚持两点：一是教书与育人并行不悖，特别是不可因现代社会对智识的强调而忽视学生德行的养成；二是学校教育与社会教化双管齐下，不可只顾学校教育而不问学校教育方向的是非对错。在学校教育与人类良知要求一致的情况下，校内教育与社会教化自然相得益彰。若校内教育与社会教化方向不一致甚至有悖人类社会的正向发展时，教师则应坚守社会良知代言人的职责功能，发挥自己维护社会良知的教育功能和社会批判功能。坚信这种基于社会良知的批判精神及其行为，将是教师赢得自尊、自立地位的根本条件。

3. 两种价值冲突问题的化解

在上述两种认知失衡和实践矛盾的整体情形下，教师的职业生涯还会面临如下两类价值冲突：

第一，存在价值感。教师的价值在于按照自己的主张，通过教育学生以促进社会教化，进而实现自己的治世理想，但囿于种种制约因素，教师会认为自己的这一崇高价值并未得到充分体现，于是产生关于自身存在价值的失落感，久而久之职业倦怠也就出现了。

为了化解这种价值失落感，有效缓解职业倦怠和消除自身发展过程中的各种不健康心理因素，要注意两个方面，一方面，就观念层面而言，教师应形成合理的社会价值取向，辩证地看待教师职业。只有从内心深处喜欢自己所从事的职业，乐而为之，才能为之倾注满腔热忱，并在面对困难与挫折时，通过逐个解决问题而获得自我满足感和职业成就感。要做到乐而为之，就需要形成合理的社会价值取向，充分认识教师职业的意义。教师应当认识到教师职业的存在价值正是在促使学生自我价值实现的过程中得以体现的，教师的辛勤付出不仅有物质回报，更有情感、智慧、个性等精神回报，教师正是在这种精神回报中使自己的精神世界和人生品位得以丰富和提升的。另一方面，就行动层面而言，教师应当及时宣泄不良情绪，调整心态并克服消极心理因素。在面对各种压力和困难时，教师应学会辩证地看待问题，有意识地进行自我调节，让积压在心中的愁闷和不快得以释放，通过倾诉、转移注意力等处理方式缓解精神压力，宣泄不良情绪，平衡心理失衡。

第二，存在幸福感。由于不能按照自己的方式去实现治世理想，因此教师在整个教师职业生涯中就难以体会到职业的幸福感。教师应当自内提升自己的主观幸福感，使自己在健康、平衡的心理状态中感受并体验自我存在的价值。一方面，就思想观念层面而言，教师应当树立相对积极的幸福观。作为一个能为"大多数人带来幸福"的人，教师完全可以从自己的职业中找到人生的幸福感。要做一名幸福的教师，以下几种心态是必备的：用积极而非苛刻的心态面对各种问题；从多元而非单一的视角去解读各种现象；在丰富而非固执己见的情感体验中去发现自我的价值；在教育教学活动中主动挖掘、发现并享受教与学的乐趣，进而通过学生去感悟、领会并享受生活的充实和生命的美好。另一方面，就实践层面而言，教师应当提高自己的教学效能感。有研究表明，教师的主观幸福感与其教学效能感之间呈高度正相关。教师的教学效能感既可以被视为一种能力———种可以影响并改变学生和自己的能力，又可以被视为一种信念———种使教师深信自己能够克服各种困难，既可以帮助学生也可以帮助自己提高能力、实现发展的信念。提高自己的教学效能感，不是通过控制学生等其他外在因素来实现的，而是通过自我提升来实现的，这就需要教师在塑造自身良好人格特质的同时对教学效果进行正确的归因，有意识地将自己的教学行为及其效果归结为诸如策略运用、努力程度等可控的内部因素，而非环境、运气等不可控的外在因素，如此才能增强自己的教学效能感，提升自己的人生幸福感。

第三章　背包客身份认同研究

近年来，背包客这一不同于普通游客的新群体悄然兴起，成为都市群体享受生活的新选择。背包客属于一种亚文化群体，相比主流群体，其社会认同程度不高，身份认同危机时刻存在。同时，互联网技术支持下的新媒体平台迅速发展，新媒体平台的开放性，无意间放大了背包客身份认同危机。但是，背包客意识到新媒体对每个用户的"赋权"，将新媒体平台作为构建身份认同的工具，进而传播了背包客亚文化。本章对背包客这一旅游群体的身份认同进行了深入的探究。

第一节　新媒体与背包客身份认同概述

一、新媒体概述

（一）新媒体的含义与特点

1. 新媒体的含义

New Media 是"新媒体"的英文直译，这一概念产生于 1960 年前后，由美国学者提出，截至目前，其内涵与外延被各国学者进行了解读和重新定义。联合国教科文组织曾界定了"新媒体"的内涵，即依托于互联网从事内容传播的崭新媒介形式。其中，新媒体区别于传统媒体的一点在于，网络成为信息的载体。也有学者指出，新媒体有两大特点：新媒体拥有个性化内容且传受双方能够同时实现个性化交流互动。

　　总之，"新媒体"含义解读多样化。新媒体成为一个传受双方进行分享、交流、互动、传播的平台，生成了媒体与移动互联网相结合的新态势，由此可见，新媒体可从以下三个方面来详细解读其含义：首先，极其广泛的范围层面。新媒体覆盖了全部数字化了的媒体形式，载体依托计算机终端互联网、智能手机、平板电脑和 PC 上的微博、QQ、抖音客户端，以及传统媒体数字化等。其次，全新的传播技术。新媒体是传播媒体和数字技术相结合所创造的成果，新的媒体形态以数字技术为基础。最后，相对于传统媒体的"新"。传统媒体时代，报纸、广播以及电视等是信息载体，但新媒体是新时代且依托网络承载信息的新兴媒体形态。

　　综上所述，以网络、手机等为依托的新媒体形式，微博、网站、即时通信软件等皆是新媒体的代表，依托于现代网络通信以及数字技术等向公众提供精准化内容需求。网络媒体和自媒体皆是当下使用广泛的新媒体种类。

　　2. 新媒体的特点

　　社群化和个性化、海量与即时性、交互与去中心化、多样性与超文本性属于新媒体的"新特点"表现。第一，新媒体将每个人及其手机联系在一起，囊括了海量信息，如当下的大数据运营实现了信息传播的即时性，传受双方可以即刻传播与分享，交流彼此的看法；第二，传受双方互动传播，受者拥有了传播者的角色与功能，不再被传播者单向控制；第三，新媒体能够传播集视频、音乐、图片于一体的多样文本内容，传播效果震撼，同时，超链接的使用能够带领受众横跨数字空间领域的数字限制，受者拥有了更多选择权，翻看自己感兴趣的内容；第四，分众趋势明显，新媒体真正做到了分众传播，实现了点对点的信息传播服务，保证了受众的差异化个人需求，新媒体用户可以在手机上寻找自己需要的信息，进而促使社群化的形成，如背包客群体在一些网站虚拟世界中找到身份认同进而"群居"。

（二）新媒体环境

近年来，数字技术迅猛发展，5G 的出现更是让新媒体产生了巨大的变化，人类社会在潜移默化中进入了崭新的新媒体环境。新媒体逐渐建造起一个全方位、多角度影响人类各个方面的社会环境生态圈，即新媒体环境，这是一个区别于传统媒体的全新大众传播的环境，公众的工作、生活、社会互动等活动已经与新媒体环境密不可分。总而言之，新媒体环境中的人类已经无法避免来自新媒体的影响。

新媒体环境创造了全新的价值形态建设环境和媒介传播环境。第一，从价值形态建设环境看，处于新媒体环境中的公众，其价值观的形成和转变直接受到新媒体环境的影响，新的价值观、道德标准、伦理原则诞生，原有的价值观和思考方式被新媒体深刻地改变了。第二，在媒介传播环境层面，传统的传播方式发生了转变，新媒体用户增加了生产传播者这一社会角色。新媒体用户的传播内容多样化，丰富多彩的内容极大地提高了传播效果和说服力。第三，社会环境生态圈的变化有目共睹，如老人在购物 App 上买菜、城市缴费服务电子化等。新媒体环境的存在影响了人类的思维方式和对事物的看法，也重构了社会文化结构。

二、背包客身份认同概述

（一）背包客的概念

背包客是 20 世纪 70 年代学者基于人文科学的视角提出的一个概念，表意较为形象化，一个背包在路上的人，此特征形象便是背包客名称的由来。背包客背着盖过头顶的大背包在全球每个角落旅行，背包内部装满旅行途中的必需物品。在一些欧美国家，背包客自产生到普及后，随着背包替代物的增多和登机箱的出现，公众不再将"背包"作为背包客的唯一且必备的标志，很多人即便没有身背大包，也能够被归为背包客的范畴。

综上，笔者认为，背包客是热衷将假期作为背包出行时间，喜欢制定私密且灵活的旅行方案，在旅程中渴望接受与本地人或者其他背包客的非正式性社会互动和交往，选择性价比高的住宿环境，更加关注自然、文化和探险的一个旅游群体。

（二）背包客身份认同构建的重要意义

我国的背包客以青年群体为主。青年群体是社会进步发展的重要力量，也是支撑新媒体发展的主要力量，更是一个国家最具创造力和活力的社群代表。背包客属于社会非主流群体，背包客身份认同的构建情况直接关系到部分青年群体的能力与素质，也关系到未来社会各群体对背包客身份认同的趋势。网络以及各种新媒体的盛行，让更多社会思潮进入了青年群体的世界，主流意识教育中必然存在被称为亚文化群体的"与众不同"者。

亚文化在社会中属于多元化的存在，亚文化群体不仅有"专属"的文化属性和风格特征，还与主流群体的部分特征重合。可以看出，背包客是亚文化群体的一种。

感性的价值理念、个性、自由、不受拘束的生活方式是背包客的几大特征，区别于传统的社会理性。研究中国背包客的身份认同构建与传播，也是在了解中国当代青年群体的心理现状，了解国内各群体对背包客群体的角色定位与看法，对于社会多元和谐发展意义重大。

三、新媒体与背包客群体身份认同

（一）新媒体与背包客群体身份认同之间的"互相选择"

1. 分众化时代的新媒体发展要保障多元化的信息供给

新媒体产业崛起，以短视频为代表的快手、抖音等网络视频平台发展势头较强劲，其自身优质的内容和大数据模式下的分众精准投放技术支持，使这些视频平台占据了较大的市场份额，冲击了原有的阿里、腾讯和百度三大新媒体支柱，竞争异常激烈。

"用户生产内容"是新媒体时代最显著的特点和最普遍的现象，新媒体的存在与发展依赖于用户。比如，社交、短视频、问答式媒体平台，若想增强现有用户黏性和扩大受众群体，使其在新媒体市场中占有一席之地，提供不同受众需要的优质化内容和精准投放是基础和必备条件。即使新媒体发展日新月异，但"内容为王"始终是新老媒体生存的先决条件。

背包客属于亚文化群体，在抓住主流群体的同时，新媒体也不能忽视亚文化群体的力量和支持。在分众化的新媒体平台中，背包客内容拥有受众市场，因此，新媒体平台的发展离不开背包客对内容生产的支持，从而满足更多亚文化群体的信息内容多元化需求。

2. 背包客完整身份认同的满足离不开对新媒体的使用

从身份认同的角度看，背包客依次经历了社交、情感满足、自我发展需求的过程，在每一个过程中，新媒体都拥有无法比拟的作用。

第一，在社交阶段，背包客利用微信、微博等新媒体社交平台更快、更方便地实现了社交需求。美国著名学者克莱·舍基（Clay Shirky）将新媒体社交软件称为"湿世界"，即社交软件让更浓烈的人情味发生在人与人之间，使彼此更黏，成为一种"湿乎乎"的存在。结合实际，微博、豆瓣、微信等社交媒体数量激增，使背包客的社交需求得到广泛满足。

第二，在情感满足层面，背包客与背包客、背包客与非背包客的良好情感共通需要一个长期的消化过程，即理解、感受、反馈的时间。面对面的传播方式较为直接，思考反馈时间短暂，且很可能造成人们之间的心理尴尬和语言不适，因此借助社交媒体的交流，会在极大程度上避免这种尴尬，将"长期"变为"合理"。

第三，自我发展需求。从传播学上看，外貌、衣着是个人形象的体现和代表，在现代社会中，"社交外貌"更为常见。例如，微博、微信等社交平台的头像和背景图片的选用，背包客更愿意将旅行照片和与背包客相关的内容放置于媒体个人信息中心，完成自我形象的构建，从而影响他人对自己的看法。

从以上三个方面能够看出，新媒体能够更加适合背包客完成身份认同。

（二）新媒体环境下背包客寻求身份认同的动机

个体成就群体，群体构成社会，个体与群体和社会之间有着千丝万缕的联系，当某一部分联系变得紧密时，便会产生群体归属。美国著名的文化人类学专家斯图尔德（Julian H. Steward）认为，文化是人类社会特有的产物，是在环境适应过程中逐渐出现和形成的。在这一过程中，文化和环境存在共生属性，二者彼此交融、互相影响。共生关系使环境不断改变着人类的生活方式和未来进程，也衍生出文化。随着时间的推移，环境造就的文化呈现出多样化的模式和类型。这一理论适用于背包客，背包客群体文化表征离不开社会环境的影响，在与环境的互动中生成和变化着。

其实，"身份认同"是一种后期生成的状态，背后大多穿插着背包客群体无尽的探索和情感，以新媒体环境为切入点，能够将背包客的研究聚焦在当下，具有时代意义，同时也可以了解在背包客群体身份认同实现的过程中，新媒体存在的意义和作用。因此，这里从分析"背包客动机"出发，了解在个体成为背包客群体一员的转化过程中新媒体的推力。

动机，是指个体行为产生背后的内在推力，属于心理学范畴。推力即驱动力，分为外部（即客观）和内部（即主观）两种。从外部客观层面来看，是指社会环境等外在因素对个体行为产生的冲击和影响；从内部主观层面来看，主体对某一事物和群体的追求和渴望便是内在推力。对于背包客来讲，其选择并从事旅游行业的追求和渴望则是其成为背包客的动机。

1. 新媒体传播的多样性为个体背包客身份提供了新选择

信息传播需要载体，而新媒体便是21世纪传播内容的载体，在"人人皆可是自媒体、新媒体"模式的影响下，新媒体不再具有单一的发展形态，而是呈现多样化的发展形势。多样化的传播内容、多样化的新媒体传播方式、多样化的传播语言，背包客在传播内容中占较大比重。

青年是背包客的主力群体，新媒体是当下青年群体获得信息的关键渠道，有时候甚至是"唯一"渠道。因此，多样化的传播内容必然对青年产生无形的影响。

当多个不同的新媒体介绍一些著名背包客的旅行神话时，给社会成员提出了一条解决身份认同危机之路，在短期逃离理性现实的同时，主动寻求自己的生存空间，通过背包旅行的感受与反思，与他者的交流等环境互动，形成清晰的自我认识，挖掘自己内心真实的渴望与向往，走向"本我"。

当代各群体在实现自我认同的过程中，更注重身体带来的感受，从而确定身份归属，逐渐摒弃身份等级、职业类型、理想信仰、政治站位对自我认同的影响。这与新媒体环境下传播的背包客观念相仿，年轻人开始试图对自身社会角色重新定位，尝试通过身体力行的背包客行为来实现身份认同。在新媒体环境下，自媒体博主诞生了，他们尝试成为背包客，背包走在路上，感受自我和身体的联系，身体是最直观的社会体验，也是向其他群体和社会宣告"自我"的象征。

2.新媒体构建积极的背包客形象，吸引公众关注

互联网技术促进了国内外理念跨文化碰撞，国内青年群体越来越以"个人"身份，直接接触到关于"本我"的各种艺术形式表现，如背包客。在新媒体领域，背包客是洒脱的、自由的、勇敢的，是独特的、富有个性的。可以说，新媒体对纠正背包客"不良"刻板印象和"主观性现实"的形成功不可没。这里提到的"主观性现实"的形成便是新媒体强大的"涵化作用"。

"涵化"由美国著名的传播理论研究者乔治·格伯纳（George Gerbner）提出，公众对现实环境和事件看法的认知，在很大程度上受到来自大众传播构建的"象征性"社会现实的冲击和影响。但值得注意的是，大众传媒总是具有某一方向的倾向性和偏好性，真实的客观世界与其传播过程中描述构建的"主观现实"的重合程度参差不齐。该"主观现实"在人们头脑中的影响是长期的、潜移默化的。大众传播的信息存在"无形"的价值观念引导，用"提供娱乐"或"事件报道"，而非用"教授""说教"的模式，牵引受众的价值观和社会态度。

大众传播与新媒体密不可分，向受众传达信息是二者的共通之处。新媒体在构建背包客给人的积极印象层面发挥了强大的作用，进而"培养"新媒体用户对于背包客产生主观印象。新媒体用户众多，背包客积极形象的"主流化"趋势明显。而大众传媒能够对新媒体传播的盲区进行补充，新媒体对大众媒体内容进行网络平台式的二次传播，因此，应用涵化理论便于更好地探究和讨论新媒体和大众传媒的良好互动，促使背包客了解新媒体对价值观念的"把控"和"引导"作用。

有网友做过关于户外主题纪录片和电影的调查，在分析100部影视资料的基础上，总结出这100部影视资料对背包客的社会评价和自我评价持一种认可和支持的态度，很大程度上提高了背包客群体的吸引力。同时，新媒体对此进行二次传播，扩大了传播范围，效果也随之增强。一方面，有利于新媒体用户改变对背包客的消极刻板印象；另一方面，提高了个体对背包客身份的认可程度，群体内部积极态度加强，"吸引"拉力增强。

第二节　新媒体环境下背包客的传播符号

　　背包客在新媒体平台的传播内容，以 Vlog、博客、朋友圈文案分享等方式为主，以期获得身份认同。那么，背包客如何寻找内群体，以及如何获得外群体即社会公众的身份认可，则是我们需要探索的问题。背包客文化的分享是形成一个大的共同体的基础和前提。从文化的角度来看，文化由符号、价值观、规范、约制、物质文化所构成。背包客的语言、形象、体态手势、价值观等属于背包客的独有的文化标志。

一、背包客的语言符号

　　符号是完整的信息表达和传播过程中必备的组成元素之一，是信息的物质载体和外在表现形式。没有符号，便没有信息的物质转化和意义产生。象征符号可从内涵和形式两个方面理解，在内涵层面指其形成意义，在形式方面指代事物。

　　新媒体平台中口头语和书面语都是语言符号的组成部分。在口头语方面，"旅行""省钱""便宜""背包""下一站去哪里""一个人吗""做攻略"等是背包客对内群体和外群体广泛使用的口头语。

　　在书面语方面，在新媒体环境下，背包客的账号拥有三种形式的书面语。以微博为例，第一种，背包客会将账号昵称改为"背包客＋名字／修饰语／职业"系列；第二种，背包客微博个人首页的认证简介中，会出现"旅游博主""旅行自媒体""背包客达人""旅行玩家"等身份信息；第三种，微博发布关于背包客"#"话题标签，表明背包客身份，比如"# 背包客 – 中国 #""# 背包客·在

路上 #""# 全球背包客 #"。

微博中三种形式的语言符号现象,在微信和其他新媒体平台上依然存在。背包客用语言在新媒体世界表明身份。"身份语言"将同好聚集成一个群体,群体内部认同增强,对外群体的传播也非常有力,这便是专属于背包客的特殊语言符号。

二、背包客的外在物化符号信息

背包客的外在物化符号,最明显的莫过于"大背包"。背包客内群体的寻找,离不开对物化符号的寻找。饮食、服饰、首饰、发型等皆属于外在物化符号的范畴,这些物化符号使身份意义表达更为直接准确。首先,背包是背包客的关键物化形象符号。背包对于背包客至关重要,是身份的象征,也是价值观的传播。其次,实用性与文化性相结合的服饰穿着应需而生。长袖长裤和宽大速干的服饰是为了方便背包旅行、防止蚊虫叮咬以及防晒等。具有民族特色的运动鞋不适合背包客长距离走路,减震和减压功能不足,因此专业的户外运动鞋出现了。同时,背包客服饰还包括适合户外活动的墨镜、手套、围巾以及帽子等。

另外,背包客的食品、餐具也有特殊要求,由于背包空间有限、航空公司对行李有重量限制等,因此,背包客携带的食品更倾向于轻便、即时的食物,如压缩饼干、切片面包和火腿肠等。另外,背包客会在旅行当地解决饮食问题,深入本地人的生活中,与当地人共餐。

三、背包客的身体语言

身体语言是传播内容中的一种符号类型,也是信息的载体,包括肢体动作、面部表情、手势等。举个例子,"大拇指搭车"已被国际范围内的大多数背包客运用,这是背包客的身体语言之一,传达的信息便是"我能搭你的车吗?""可以载我一程吗?"当背包客过度劳累或出现特殊状况时,往往会选择"大拇指搭车"来完成剩余路程,前往目的地。

　　"大拇指搭车"是背包客的一种身体语言，创建信息传播过程的开端，背包客将搭车信息寄托于大拇指上，来往司机在接收到这种身体语言符号后，考虑是否接受背包客的搭车请求。若成功搭车，背包客与司机（即社会公众）的交流就开始了，身份认同构建和传播就开始了，传播的过程中就带有构建社会认同的成分。司机就转变为传播交流过程中的接受者身份，接受来自背包客的信息输出。

　　当然，身体语言的沟通交流不是每次都能顺利进行的，因为考虑安全、不认可背包客群体等原因，失败的"大拇指搭车"时有发生。但随着背包客群体的壮大以及公众对背包客认知了解程度的加深，阻碍身体语言传播过程的不利因素变少，背包客与公众之间的交流变得更加顺畅。

四、背包客的价值观

　　价值观是个体认知水平、理解能力和思维模式共同作用的产物，也是个体对事物看法的一种倾向性认知，其中客观现实、事件和人具有关键的输出价值。文化与价值二者相互联系，背包客的文化精神有价值观的强力支撑，因此，背包客的价值观如下：

　　（一）推崇"行走精神"

　　"行走精神"不仅是简单的语言表达，更落实到了背包客对交通工具的选择上，条件允许便走完全程，能走便不坐车，能坐车就不会选择乘飞机，乘坐花费高且省时的交通工具成为特殊情况下的特殊选择。从背包客的角度来看，旅游团式的观光并不是真正的旅行，在背包旅行过程中，花时间深度接触当地的人和物，才能看到普通观光时感受不到的人文风景，而如此的所感所想是通过"行走"实现的。快速到达目的地并非背包客的终极追求，于行走的途中进行和完成对自我的思考和重新审视，才是背包旅行的美妙之处。因此，"行走精神"更具有象征含义，它象征着稳步前进、脚踏实地的生活理念和态度。

　　（二）践行吃苦耐劳精神

　　旅行中介为游客准备了最便利舒适的交通方式和住宿场所，游客不需要花费时间和心思来考虑旅行细节。然而，背包客的路线、住宿以及交通都需自己独立完成预定和购买，一切都要靠自己。当背包客背上背包走向远方的那一瞬间，"理性化和城镇化"的自我已不存在，只剩下对自由、纯粹的向往和追求。对于背包客来说，变身背包客之前的社会身份是多样化的，但转变的一瞬间便需要对"背包信念"身体力行。"路上遇到的惊喜与惊险""成为背包客的我将要感受怎样的文化和遇到怎样的人"等都将成为旅行中的未知数。背包客需要随时随地接受来自人与物以及大自然的挑战，"车票卖完了""旅店满员"等都是背包客可能需要面对的情况，这是对背包客体力和意志的考验。在背包客文化圈内流行着这样的一句话：吃苦耐劳，并非背包客选择行走于路上的初衷，但吃苦耐劳却成为背包客通过旅行磨炼自我的真正意义。

（三）遵守规范

规范不能脱离环境而独立存在，不同的环境决定了规范的差异，而如何根据环境来约束想法、采取行动则是规范的具体表现。规范有两种分类：非正式和正式。非正式规范带有约定俗成的性质，是被广大社会成员默认的准则，即便缺乏强制性，也被社会公众作为要遵守的规定。正式规范具有强制性，以法律形式存在于社会生活中，全部社会成员要严格尊重与遵循。背包客属于亚文化圈的一个组成部分，也是一个小型的社会系统和社会圈，因此其相对应地拥有符合其自身特点的规范，尽管背包客追求的生活形式和感受是自由和不受约束限制的。

在背包客这一亚文化群体中，要想获得身份认同，就要遵守非正式的规范。比如，三人成行背包出发，每个人都需完成规划路线、住宿预订、文化介绍等分工任务。遵循规范则会使人更好地融入集体和获得身份认同，归属感以及群体关系也会随之加强。再比如，背包旅行中，总有部分不喜欢跟队走的成员、总是掉队的成员、去别的地点的成员，这样的成员会逐渐被群体分离出去，因为该成员可能更喜欢一个人背包旅行。

群体规范可以说是背包客亚文化群体的规范代称，是一个人要在集体中坚持遵循的准则。成员以背包客身份组成一个背包客共同体时，群体规范也是背包客群体文化的一个组成部分。简而言之，要想顺利传播背包客亚文化，那么群体规范的建立和遵守必不可少。

（四）约制

顾名思义，约制即约束力。如果要保证社会系统有序运转，约束社会成员的强制执行力和约束力必不可少，因此需要有某种特殊的约束和强化规范使社会成员遵从。若社会成员漠视规范，越轨行为就会产生。而约制行为具有正反两面性质，正面约制针对的人群是具有榜样力量的人，给予其奖励；而反面约制则是惩罚越轨行为主体。举个例子，相约而行的背包客团体中如果出现特立独行的成员，该成员会脱离群体参与其他互动或到达自己喜欢的地点，这是越轨行为，而随着群体矛盾激化，该成员会被群体抛弃，即所谓的反向约制。

背包客属于亚文化群体，其社会互动从本质上来讲，也是传播亚文化的过程，它将拥有共同信仰和相同身份认同的社会成员聚集在一起，由内圈向外圈传播背包客文化和身份认同。该传播的顺利进行离不开共有意识和群体规范的形成，为了确保这一过程顺利进行，约制行为和方式显得尤为重要。

背包客有属于自身的文化符号和特殊意义，由于意义的共通，正常的社会传播活动才得以进行。

第三节　新媒体环境下背包客身份认同的构建

一、新媒体环境下的背包客身份认同构建差异

（一）构建主体：草根背包客与意见领袖

有人说，在微博时代，有 100 个粉丝，等同于创办了一份时尚小报；拥有

1000 个粉丝，等同于制作了一份海报；拥有 10000 个粉丝，等同于建立了一家杂志社；如果有 100000 个粉丝，等同于创办了一份地方性报纸；有 100 万个粉丝，便与全国性报纸无异；若有 1000 万个粉丝，好比电视主持播音员，可以让全国人听到自己的态度和声音。微博是新媒体环境下衍生的产物，新媒体的开放性给用户提供了话语权，人人都成了影响力差异化的传播者。

新媒体环境中，背包客身份认同的构建主体是新媒体用户，他们直接参与互动，生产、加工、传播内容。构建主体拥有不同的传播影响力，其承担的身份认同构建任务也存在差别。背包客身份认同包括自我认同和社会认同两方面，分为两个层面：第一，草根个体如何在背包客群体内圈获得满足感和强化存在感，以此来构建在背包客群体内的身份认同；第二，意见领袖背包客如何向外圈的非背包客群体构建身份认同的场域，以及给内圈背包客群体构建身份认同的场域。

（二）社交媒体中草根背包客的"话题"动员：参与、互动下的情感满足与认同

在社交媒体中粉丝好友数量少、社交影响力小的背包客，被称为草根背包客。

新媒体具有强大的社会动员组织作用，将原本分散在各地且联系不紧密的背包客联系到一个虚拟的互联网社区中，如微博群、网站论坛、微信群等，使用户能够在"不同性质的圈子"里迅速找到有共同爱好的人，产生社会交往互动，关系造就组织，最终形成一个新媒体社圈。由于圈子内部成员因为相同的价值观而聚集到一起，因此媒体聚合和舆论引导作用较为强大。

草根背包客是在社交媒体中构建背包客身份认同的主力军，如在微博中，话题"背包客"的阅读量达到 2300 多万，讨论量达到 7 万多，草根背包客在微博拥有分享文字、发话题、转发、评论、点赞等权利，可以撰写有关背包客看法的博文，点赞或者转发带有背包客话题的内容等，这都是背包客对身份的自我展示和记录，参与已形成的族群社区建设，为背包客身份认同的构建发挥自己的力量。比如"同意 +1"微博回复用语，"扩散""周知""码住"等微博转发语言的使用。

情感性是新媒体的一大特点，背包客活跃于马蜂窝旅游网站、微博背包客

话题时，其人际关系与参与动机并不强烈，随着与内群体频繁接触和联系增强，归属感和存在感自然产生，这便是背包客持续与社交媒体等新媒体平台保持参与、互动的原因。

微博、微信等社交媒体放大了网络化的社交功能，背包客在微博话题中的信息发布便是人际交往的开始，且是点对点、点对面的传播，草根背包客由此建立了以媒介弱关系为形式的强大新媒体圈子。背包客既是信息的生产者，也是信息的传播者和消费者，在这个与内圈交流互动的过程中，背包客获得参与式体验和互动满足感。无论背包客在微博中与其他背包客的互动情况是否良好，其微博的发言是否得到他人点赞或评论，背包客参与互动的积极性都能得到提升，背包客分享看法的动机在增强，形成在微博上发布博文的惯性，由惯性演变为存在感，获得自我认同和内圈中的身份归属感。

草根背包客是社交媒体环境的"在场者"，在内圈中的参与、互动中，获得官方给予的身份等级认证，如微博超级话题"主持人"和"管理员"身份、背包客大 V 的"铁粉"、马蜂窝"指路人"等称谓，每个称谓都与等级含义密切相关，越高级的称谓表示其在内圈的活跃度越高，如在微博"旅行"超级话题中有粉丝榜排名，也会不间断播报进入粉丝 TOP100 的相关信息，而这些等级身份认证直接提高了背包客对自己在内圈中的身份认同。因此，可以说为了追寻标签带来的存在感，背包客参与互动。

（三）新媒体"赋权"意见领袖：分享、表达与社区认同构建

在虚拟社区中，拥有强大的影响他人的力量的人被称为"意见领袖"。获得某种生产、创造和选择的能力，即权利的增加与强化，是新媒体"赋权"社会功能的内涵。新媒体赋予每一个用户发声的话语权和传播权，在接受信息的过程中，也在对信息进行再次生产、加工，甚至二次或多次传播，而意见领袖在信息生产和加工层面的影响力和水平高于草根群体，他们成为新媒体网络传播的重要节点，因为意见领袖的存在，用户开始寻求和构建身份认同。同时，在意见表达、影响力覆盖，以及助力某种结果实现的方面，意见领袖拥有草根群体不可比拟的作用。

背包客意见领袖在新媒体环境下，帮助弱传播力的草根背包客发声，可以分享背包客生活，表达对背包客的看法，提出有影响力的意见和决定，起到

极强的激发作用，尤其是在新媒体环境下，其传播力量甚至可以推动或者重构外群体对背包客的身份认同。新媒体对背包客群体的"赋权"，语言的"分享""表达"致使内外圈子的力量对比发生变动，主动构建网络社区，重构了背包客与非背包客对于身份认同的构建。

豆瓣是当下网络虚拟社群文化的代表，众多背包客聚集在豆瓣小组发帖"寻人旅行"、交流背包旅行的感受。比如豆瓣小组最大的背包客讨论小组"背包旅行旅游"，豆瓣小组管理员、组长等身份大多为意见领袖的代表，在经营背包客小组过程中，他们有权删帖，或者将交流活动置顶于小组界面上方，以此提供背包客沟通的虚拟社区，通过筛选和控制话题来保持社区运作，在管理和构建社区的过程中，形成小组成员内部共同的文化认同。

除了管理员和组长外，一些在豆瓣平台发布文章的"独立背包客写作人"也属于意见领袖。他们用内容将豆瓣世界的用户聚合，形成以"独立背包客写作人"为中心的社群，通过意见领袖实现背包客在强弱身份认同圈子中的有效传播。背包客意见领袖分享高质量的信息和内容，可以吸引更多背包客甚至非背包客群体的关注，这也使得背包客意见领袖倾向表达的文化不断强化，用户身份和情感认同得到实现。

由此可见，背包客意见领袖身份认同构建是从人的情感需求出发，分享高质量的内容，表达关于身份文化的观念，营造和构建群体需要的社群，实现情感归属和身份认同。

二、背包客身份认同实践中的新媒体传播模式

背包旅行情景下的身份认同意义，在新媒体环境的宣传和引导下，转变成一种大众认知。背包客群体的传播实践活动战略，在新媒体的有意或无意地放大后，成为一种代表着特定文化身份认同意义的生产方式，使缺少或正在寻找归属感的人们有了希望和选择。因此，结合当下新媒体环境现状，背包客如何利用新媒体环境进行传播来实现身份认同也是一个重要问题。

（一）传播路径：网络自媒体的二次传播

在公众认知里，二次传播更多的是指"传统报纸新闻的互联网化"。基于

互联网技术的新媒体诞生在传统媒体之后，尤其是在诞生时间最早的传统媒体——报纸之后，因此按时间顺序来讲，报纸的互联网化是合理的结合趋势，且随着新媒体的兴起，报纸的新媒体化在当下已成为一种全新的传播渠道和手段。

但新媒体和自媒体时代的来临，逆转了"自上而下"的传播形式，新媒体赋予每个人话语权和传播权，报纸从"自媒体"取材，形成二次传播形式的反向逆转。自媒体是新媒体环境下的文化产物和拥有一定影响力的传播者。

背包客自媒体在各大新媒体平台中已很常见，上文谈到背包客利用新媒体特点构建身份认同，而部分背包客自媒体在构建身份认同的过程中，被传统媒体关注、采访，在坚持事件真实性的基础上撰写报道，形成自媒体的传统媒体化"二次传播"。

在新老媒体联动形成的二次传播甚至多次传播过程中，传播效果发生了质的变化。首先，受众接受度增加，传统报纸拥有较强的可信度，因此对内容的接受度较高；其次，受众覆盖面扩大，传统媒体的受众可以弥补自媒体未涉及的盲区，如中老年群体等；最后，关于背包客的社会舆论供应量迅速增加，新老媒体增强了报道内容的说服力，内外群体中背包客身份的认同程度也得到了加强。

（二）传播平台：多平台"话题"聚合背包客公共空间

话题标签"#"最早诞生于国外社交媒体平台推特（Twitter）。第一位运用话题标签的用户是克里斯·墨西拿（Chris Messina），该话题标签"#"有强大的聚合性质相同信息的功能，新媒体平台能够将含有相同标签内容的信息，汇聚在一个话题中。目前，众多新媒体平台都开通了话题标签功能，并且加入了超链接。比如，背包客用户可以点击"# 背包客 #"等话题标签，进入关于"背包客"的讨论世界。而这个"讨论世界"便是"公众空间"，可以被解释为能够进行自由对话的公共场所或媒介。

一方面，移动互联网时代深入发展，借力新媒体平台是实现身份认同的明智之举，背包客在长期寻求身份认同的过程中意识到多媒体平台聚合传播是传播效果的一种拓展，使向外延伸的触角增多，在扩大稳定受众面、实现流量传播以及背包客内容扩张层面有巨大的影响力。因为，作为一种策略规划，平台的受众是呈现差异化的，单一平台受众辐射范围窄，背包客在新媒体传播过程中，既要最大程度经营多个媒体平台来汇聚人气和影响力，又要落实好受众定位，投放差异化"话题标签"内容，进而有效形成传播互动，沉淀不同类型受众，获得身份认同最大化的效果。

对于背包客来讲，新兴社交媒体的出现满足了"分享"和"互动"的需求，可以及时将路上的所见所闻以文字、图片或视频的形式发布于多个新媒体平台。使用多个平台媒体聚合，能够在合适的机缘下打破客观端之间的信息孤岛效应，达到一呼百应的效果，实现跨平台流量之间的运动，增强受众的情感共鸣，以此来留住受众，引导其对背包客群体的身份认同和刻板印象的转变。

另一方面，"话题标签"为新媒体用户提供了实时搜索信息的便利，使得信息搜索和传递畅通。不同的媒体平台有不同的呈现特点，"话题标签"是一个开放性的话题讨论形式。比如，在微博中，用户将带有"背包客"话题标签的信息发布后，信息会显示在自己的微博主页上，其他新媒体用户可以通过搜索话题标签，进入"话题广场"主页，进行广泛浏览，查看到该内容，每个用户都在为背包客"公共空间"的构建输出力量。另外，作为"输出力量"，该条博文也属于"公共空间"的一种，其他微博用户对博文点赞或评论，来自用户的评论也会被查看、点赞和评论，其他微博用户还可以使用@功能引导和提醒其他用户。这两种形式构建的"公共空间"真正实现了无阶级化的平等对话，与"公共空间"的概念一致。

标签话题构建背包客"公共空间"，多媒体平台聚合增加"公共空间"的数量和覆盖面，每一位背包客都可以借助新媒体环境，为自己赢得一片空间，使自己得到社会的认同。

（三）传播视角：基于新媒体平台的叙事表达与他者评论

背包客身份认同的构建与传播离不开"文本"的支持，文本能够体现主体的价值观、身份与立场。

背包客的新媒体传播渠道集中于微信朋友圈、微博、小红书以及马蜂窝等平台，传播更倾向"亲情化"，倾向于以"第一人称"的角度，选择简单直白的语言表达背包客经历和体验。由于每个平台具有不同特色，背包客的表达方式和内容也存在差异，更加多元化和自由化。

一方面，微信朋友圈和微博，由于平台自身的限制，大多数背包客在"晒"朋友圈和"晒"微博时，受字数限制，只能选用言简意赅的文字叙事，这便是该类型新媒体传播平台中背包客的自我叙事型表达。

小红书被称为"好物"分享平台，是人们快速获取参考信息的平台，因此，小红书上关于背包客的内容分享更多的是"快速攻略"等，将原本300字甚至更多的内容进行压缩，力求使最简短的内容具备参考价值。在小红书界面搜索"背包客"，便会出现"包里装着什么宝物才能潇洒游走江湖""如何与行李断舍离"等，用精简有力的语言传达作为背包客的价值和思想，短短一分钟的 Vlog 视频也以单纯有力的直白文字作为支撑。

另一方面，他者评论是以一个观察者的角度对背包客进行的第三视角评价，调侃讽刺、幽默段子、理性思考都是他者评论的内容风格，这样多样化的评论风格使"背包客"形象在新媒体环境中显得更加真实且丰满立体。

三、新媒体环境下背包客价值及反思

（一）艺术价值：网络价值观领域亚文化与主流文化的碰撞

新媒体环境给了亚文化产生和自由发展的更多的权利，参与这个时代的文化构建。背包客属于亚文化，亚文化的存在发展是对主流文化的冲击和补充，二者并不对立，但互相影响，包括亚文化在内的所有文化的进步发展都离不开主流文化的支撑。

一方面，背包客亚文化群体的构建离不开主流文化"信"与"集体主义"的支撑，而同时助力主流核心文化的传播。在新媒体环境下，意见领袖背包客和受众的交流离不开"信任感"和"诚信"两字，受众信任背包客，背包客保证其传播内容的真实性。尊重内外圈的每个受众，传播形成双向贯通，甚至产生点对面的传播效果，因此"诚信"至关重要，它是对主流文化的补充性说明，更是亚文化传播和背包客获得身份认同的关键所在。比如，抖音平台的背包客自媒体博主在介绍目的地攻略时不能照搬生抄，而是要在实地考察后写出背包旅行攻略，只有保证"诚信"，传播效果和身份认同才会显得更有意义。另外，在新媒体环境中，如微博"捡人"、微信群"捡人"等寻找共同爱好者进行背包游的现象很常见。

新媒体将各个角落的背包客汇集到一个公共空间，使得"捡人"更加便利。成功"捡人"之后，背包客建立共同体，"求好相处、事不多"便意味着成员会默认"集体主义"群体观念。多人背包旅行过程中，尊重集体决定，集体意识高于个人意识。无论是路线安排还是住宿决定、饮食选择和临时状况等，成员都会遵守集体原则来共同决定和民主决策，即便每个人是差异个体，背包客价值观中的规范也会约制背包客自身行为，使其以集体意识为先。

另一方面，亚文化冲击着主流文化的社会观念和价值观，表现最为明显的是，冲击着新媒体用户的人生观和婚姻家庭观，很大一部分背包客处于单身状态，且其人生观很少被传统观念限制。

背包客在社交媒体平台传播关于人生和婚姻选择的话题，也许被人认为与主流不符，但背包客向往人身自由和爱情婚姻自由，面对一些束缚时采取顺其自然、随遇而安的态度，选择跟随内心和感觉走，相信自己对未来和人生的选择，这都在新媒体环境中形成了具有强烈个性的价值观，以新媒体的优势向秉持着传统主流观念的人们发问。

（二）商业价值：背包客创造新媒体环境中新型创收模式

背包客在媒体上构建和传播身份认同的时候，会在微博写博文、晒照片，在各大旅游网站撰写旅行攻略，或在抖音平台发布短视频等，逐渐拥有或大或小的粉丝基础，形成一定的传播力和影响力。一些网上流行的旅行成功学分享着通过旅行年收入百万的故事，这对没有收入来源的背包客来讲吸引力很强。拥有大批粉丝的背包客自媒体，他们一边旅行，一边通过背包旅行经历变现继续旅行，逐渐消除了阻碍背包客身份认同实现的金钱方面的困境。

背包客利用新媒体环境获得网络创收是一个漫长的过程。初期，他们可以通过拍照、写文章将旅行故事发布在网络上，0点赞、0阅读、0收入是常态。他们把自己对旅行地点人文景色产生的主观认同，变为发自内心的口碑宣传，未掺杂任何刻意的渲染和夸张，感受是真实可信的。如果幸运地被旅行杂志看中合作，每一篇故事和每一张照片都会得到相应的补贴和收入。

随着新媒体的发展，广告视频创收也随之兴起。广告商逐渐认识到网络传播的强大力量。广告商设置固定的审核标准，选择具有良好传播水平的优质背包客自媒体，该群体一般受众数量多且黏性强，价值观也与自媒体博主保持一致。广告商用免费体验、免费使用旅行商品的权利，或给予广告费用等与背包客达成合作。背包客在前中后期的旅行反馈中以特殊方式植入广告，成为商业产品宣传者，创造出跨地域、跨时空的新一代亚文化市场广告方式，该广告模式受众传播较为精准。

另一种创收模式中，背包客自媒体代替商业公司成为第一广告商，即所谓的背包客代购。代购产品一般为旅行目的地的特色产品，背包客会将代购收入作为资金来源，在旅行目的地停留，深入挖掘当地货源，建立长久合作渠道，从而赚取劳动力和广告宣传差价，维持背包旅行，用自己的力量赚取旅行费用，这个过程也是加深身份认同的过程。

背包客的亚文化性质创造的创收形式不止以上两种，还包括直播创收，它创造了新的创收模式，保证了背包客群体资本收入的来源，也为当代有多余时间的人们提供了一种获得财富的新模式，促进消费文化市场的多样性和活力。

（三）反思：利用社会化媒体对外传播，讲好"中国故事"

较多的一部分拥有一定传播影响力的背包客更愿意将探索重点转向世界，向国内受众传播异域文化风情，较少的一部分背包客对外传播中国文化和风景。新媒体环境下的受众具有的从众效应更甚，当多数意见领袖对国外某一地区进行大量信息传播时，国内新媒体背包客更愿意前往该地区。

各国非常重视本国形象和风土人情的对外传播，而中国青年背包客在拥有新媒体工具的当下，在世界上已然拥有了一定的话语权和传播地位，世界也在逐渐认可中国青年的力量。作为一名背包客，有时会认真思索如何让世界看到中国的美好，这一定会在文化层面加深国家和国家、民族和民族之间的交流。

"走遍天下每一处角落"是每一位背包客的追求和向往，青年背包客是城市人群的一个重要的组成部分，他们善于实践理想、思维灵活不受拘束、乐于思考和接受新事物，是传播新事物的主力军。新事物有国内外之分，但背包客没有国界之分。

第四章　滑板运动群体身份认同研究

第一节　滑板运动概述

一、滑板运动的起源与发展

（一）滑板运动的起源

20世纪50年代，世界上的人们还在为冲浪而着迷。有时由于天气原因，海边没有浪，到海边冲浪的人都失望而归。这时，有人想到在木板上装上轮子，到水泥地上"冲浪"，因为没有气候和地理条件的限制，以及惊险与刺激的特点，"陆地冲浪"迅速流行起来。

经过不断设计与改进，现代滑板运动者可以做各种各样的姿态，可以做上台阶、下台阶、呲杆等高难度动作，带给人们和冲浪相似的生理、精神等方面的挑战性的感受，在全球备受瞩目。滑板的类型很多，每种都有很多玩法，但在日常生活中，人们最常玩的还是双翘、长板和小鱼板。

（二）滑板运动的发展

最开始的滑板就是在木板上装两排轮子，让木板能够滑行，但由于设备过于粗糙，所以滑板运动多为平面动作，还有很多跟冲浪相似的动作。渐渐地，有些公司开始举办滑板比赛，一开始的规则与评分细则并不规范，尽管有人做出了令人惊叹的动作，但是评委却不知道如何评分。

经过十几年的发展，关于滑板的玩法越来越丰富，当时的滑板爱好者为滑板而狂热。一位叫盖范特（Alan Gelfand）的美国滑手，让整个滑板圈发生了重大改变，他在滑板上做出各种动作，直接推动了滑板运动的发展。他所创造的内容涉及大量的滑板入门级动作和后续翻板动作。他还发明了豚跳（Ollie）这个动作，这个动作被认为是滑板运动的入门动作。

滑板运动盛行的同时也遭到了一些打击，如运动伤害事件、使已建的公共滑板公园需要承担高额的保险费用等，导致滑板爱好者不得不转战街头、地下室。

由于滑板运动发展迅速，动作招式也越来越多，滑板的形状也变得多种多样，同时因为滑板运动受伤的人数也越来越多，因此社会各界对滑板运动的发展阻力也越来越大。但是在20世纪90年代，随着朋克音乐的流行，与朋克风格相契合的滑板运动再次崛起，世界各地都吹起了"滑板风"，出现了很多厉害的滑手，滑板本身也在不断地改进，滑板文化、滑板精神、滑板运动逐渐走向主流舞台，引起了无数人的兴趣。

（三）竞赛和组织兴起

为了促进滑板运动的发展，1995年，世界滑板商协会（International Association of Skateboard Companies，简称 IASC）成立。IASC 的成员有滑手、滑板制造商、滑板公园的设计师和比赛的组织者，他们还发起了世界滑板日，鼓励世界各地的人去玩滑板，并举行比赛来推广滑板运动。

滑板比赛的形式和种类多样，基本上可以分为职业比赛和业余比赛。有一些比较有名的赛事，如街头滑板联盟世界巡回赛，至今已经举办了十余届，有来自世界各地的滑手参赛。很多企业对滑板运动进行投资，他们举办滑板比赛活动，致力于对滑板运动的推广，给滑手提供赞助，吸引职业滑手。

滑板运动深受青年人的喜爱，在 2020 年的东京奥运会上更是大放光彩。2022 年，国际奥组委宣布，从 2028 年美国洛杉矶奥运会开始，滑板将成为奥运会正式永久性项目。

（四）今天的滑板运动

如今的滑板不只是街头运动，也不只是人们的兴趣爱好，滑板这一项目即将正式成为奥运会永久性项目，在原有的基础上，重新诠释了滑板运动的文化和精神，使得滑板运动获得了更高的曝光率和飞跃式的发展。东京奥运会上，我国的参赛选手曾文慧和张鑫的精彩表现也让世界见证了滑板运动的魅力。慢慢地，玩滑板的人越来越多，滑板运动这个"小众项目"在短短的几十年里迎来了更广阔的市场。

（五）滑板运动在中国的发展

滑板运动在 20 世纪 80 年代末进入中国，在北京等地生根发芽，并向全国扩散，当时的青少年迅速被滑板吸引。有需求就会有市场，国内也开始出现滑板公司，早期的大部分滑板公司都是由滑板爱好者经营的。到 21 世纪初，中国的滑手也慢慢多了起来。在介绍中国滑板历史的纪录片《中国滑板历史》（*Love Letter China*）中，中国资深滑手袁飞回忆道，中国的滑板在 1989 年正式起步，如今已经在我国发展了 30 年。而对于大多数早期滑手来说，1989 年在美国上映的电影《危险之至》才是让他们"入坑"的原因。

中国滑手车霖被称为"中国滑板第一人"，他是我国优秀的滑板选手，也是极限运动的代表，成为职业滑手后更是取得了万众瞩目的成就，并在第一届亚洲室内运动会上夺得了滑板项目金牌。

二、滑板的类型与滑手

（一）滑板的几种类型

滑板是滑板运动的承载主体，几种比较常见的类型有双翘板、长板和小鱼板。

双翘板，顾名思义，板的两头是翘起来的，方便滑手做各种动作。双翘板是大家比较喜欢的一种滑板，因为做动作时会很酷，如豚跳这个既基础又很难的动作，做得好的滑手可以跳得很高，而且滑板不会脱脚。

长板与双翘的区别是长板更大，板面更软，轮子也更大，所以滑行的时候更省力。但是因为长板更大、更重，所以用长板做动作会更难。长板的玩法主要有平花、速降和 dancing（dc）。"平花就是板在你脚上动，dc 就是你在板上动"，这句话非常生动地解释了这两种玩法。速降利用一定的坡度，时速最快可以达到 70 km 以上，是一个非常刺激且危险的动作。

小鱼板的板面相对来说比较小，但轮子大一些，滑起来速度比双翘快，而且轮子和地面摩擦的声音比较小，大部分使用者是用来"刷街（指在大街上轮滑）"或者代步的。

（二）滑手

滑手是滑板运动的实践主体，他们的互动形式多种多样，大致分为线上互动和线下互动两种，线下互动的场地更加灵活且类型更加多样。线上互动主要是在 QQ、微信等主流社交媒体平台上与朋友分享他们的训练成果或者困惑。线下互动主要有约板、聚会，经常选在公园、广场、滑板公园等场所进行。滑手们会组织去集体"刷街"，或者在广场上练习滑板动作。有时，滑板店会举办滑板比赛，促进滑板技术交流和滑手社交。

第二节　滑板运动群体的风格

滑板运动群体属于一种亚文化群体，他们在主流文化的语言符号系统中对物体进行重新排列和语境更新，创造出新的意义。滑板的招式、部件等语言符号被滑板运动群体从主流文化的语言符号系统里借用过来，进行语境更新或者重新排序，赋予其新的含义。比如 50–50、5–0 等滑板动作名称，这些数字本身不具备特殊含义，就是简单的数字而已，但是在滑板运动中，它们就代表了不同招式的名称。滑板运动群体通过对主流文化语言符号的拼贴，在原有意思的基础上，再赋予专属于滑板运动的新含义，形成滑板运动群体特殊的文化风格。

一、拼贴

拼贴是将物体的客体、符号或行为移植到不同的意义系统或文化背景下，以获得新意义的文化过程。这是伯明翰学派从人类学和结构主义中借用的一个概念，用来解释亚文化风格是如何构建的。伯明翰学派认为，亚文化风格的形成不是通过对象和意义的创造，而是通过在现有的社会语境中使用对象，将其转化并重新置于新的语境中，产生新的意义。

拼贴就是在构建的层次上引人注目，它代表了一个完整的符号系统内对象的重新排列和上下文更新，以产生新的含义。这个过程是一个转变的过程，而不是独创的过程。也有其他很多网络文化中的形式，如恶搞、戏仿和火星文等，这些网络亚文化对拼贴做了很好的解释。

（一）对语言符号的拼贴

语言符号（语词）及其所指的代码表在每个具有语言能力的社会成员中都有清晰的表现，而且可以在文本的形式下进行传播。

比如，滑板运动群体中经常使用一些专门术语或是经过 PS 的表情包，在聊天过程中运用，在互动中又赋予其共同的意义，与群体成员产生共鸣，建立良好的互动关系。滑板运动群体对拍摄的视频、照片进行拼贴，并做成表情包，象征着对主流文化的抵抗。随着科学技术的进步，电动滑板、缩小的手指滑板等出现了，它们同样是其创造性的体现。

（二）对行为符号的拼贴

仪式是一个以感性手段作为意义象征的行为符号系统，是人类漫长历史中最古老、最常见的社会文化现象之一。行为符号通常具有曲折性、惑然性、超常性、神秘性等特征，其符号的意义和代码表只能被模糊地包含在仪式参与者的思想中。

寻找场地是滑手们最开始要做的事情，国内的滑板公园从 2016 年开始兴建，但是国内的滑板场地还是非常少的，滑板运动群体只能在各个广场上、公园里，或稍微平整的柏油路上滑。滑手们经常去滑的地方会成为固定的地点，滑手们会对此产生情感。滑手之间相对来说是比较和谐的，表现出对主流社会规则的顺从或吸纳。

通过寻找场地与对主流社会的妥协等行为，滑手有了较为固定的滑板场地。在这些场地，滑手见面后，打招呼的方式就是互相击掌、碰拳。有许多滑手认为这类打招呼方式拉近了自己与其他滑手之间的距离。通过这些动作语言，滑手们产生独有的认同感，消减了与伙伴们的距离感。当有一个人成功完成某一动作之后，所有人为之欢呼雀跃。这些简单的互动仪式形成各种符号，通过对这一仪式符号的拼贴，人和人之间的关系拉近了，产生一种特殊的情景，人们在这个情景里面获得身份认同，并改变了击掌、碰拳的原有意义，建立了滑板运动群体的独有风格，成为一种文化象征。

亚文化与主流文化和其他文化类型的区别在于，亚文化有自己独特的符号系统，具有鲜明的风格和丰富的内涵。青年群体创造出这一特有的符号系统作为他们自己的话语方式，对这些符号系统的使用加强了他们之间的情感联系和价值认同。滑板运动群体通过对场景、行为的拼贴，使这些东西带有滑板运动群体所指定的含义，改变了这一场景、这一动作原来的意义系统。

二、同构

同构指的是一个群体的价值观与生活风格之间的象征性一致。拼贴的目标就是要达到同构。滑板运动群体拥有一套圈内话语体系。由于语言是人类最基本的符号体系，包含文字在内的这一符号体系，是人与人之间进行交流的工具。借助语言符号，人们可以交流自己的思想和感受，所以语言符号是人类社会最重要的传播媒介之一。在滑板运动群体中，通过特殊的互动方式，语言符号通过拼贴形成滑板运动群体的风格。该群体拥有典型的行话系统，只有属于这一群体的成员才能理解语言及其背后的实际含义，滑板运动群体对拼贴后的这套行话系统产生共鸣，形成同构。

不少新入门的滑手会说，每次在滑板群聊天，听到大家说"Ollie 过几立""大乱""××是 Pro"等词汇都会觉得非常迷惑，感觉大家就像在说暗语一样。以下是笔者对一些"滑板暗语"的整理。

桥：连接板面与轮子的配件，是金属做成的，有高、中、低之分，是所有滑板配件中承受最大挤压、最大摩擦的零件。同时，桥中轴的长度与不同板面的宽度相匹配，往一边用力能够使滑板转弯，并可以调整转弯的速度和角度。

荡板（Tic-tac）：也叫蛇形，是指利用后脚踩板尾使板头翘起，前脚压住板头控制滑板方向，不用脚蹬地让滑板呈 S 形向前行进。

豚跳（Ollie，简称 ol）：后脚用脚踝的爆发力快速弹板的同时，前脚带板起跳。Ollie 是滑板的入门动作，是其他滑板动作的基础。

manual：指用后轮滑行，前轮不着地。这个动作依靠腰腹力量，同时前脚控制板头抬起的高度，是一个集中体现板性的动作。国外有专门的 manual 比赛，由此可见这个动作的重要性。

尖翻（kickflip，简称 kf）：大多数人喜欢的街式动作，是尖翻小乱（varial kickflip）、hardflip 等动作的基础。

横刹（power slide）：一种高级的刹车方式，在速度很快的时候，通过腰部带动后脚和板往前"搓"，同时重心不能过于靠前或靠后。

刷街：使用滑板在马路上滑行，是一种体现滑板街头属性的文化娱乐活动。新手在滑行技能很差的情况下不适合刷街，最好先在广场上练习。

S.K.A.T.E：一种滑手之间切磋技艺、交流感情的平地花式比赛。

还有一些术语用于表明滑手的身份，如赞滑，指拥有滑板店或是相关产业赞助的滑手；职滑，指职业滑手，职滑与赞滑性质相同，但职滑把滑板当作职业；板新，指滑板新人；板仔是对滑板少年的统称。

这些术语不仅在实践中具有语义，还具有丰富的语用意义和语境指导作用。在滑板运动群体中，这些术语背后的实践难度是截然不同的，有时甚至还可以根据对滑手这些术语的了解程度来判断其滑板技术水平。

三、表意实践

除了通过拼贴和同构形成自己的内部风格外，滑板亚文化还通过表意实践向主流文化传达其意义。

拼贴和同构可以解释许多亚文化的风格，但某些亚文化中的象征风格不是静态的，因此，符号化实践使其从静态表达中脱颖而出。风格不是静态的，而是需要一系列的行为实践来表现的。这种风格的形成比拼贴和同构更深层次。滑板亚文化中的风格表达不仅通过行为实践等"静态"事物来实现，而且还通过滑板社区与主流文化的互动来实现，包括线上互动和线下互动。在这种互动中，滑板亚文化通过其象征性的实践，向主流文化传达其信息，表达其要求。

（一）线下表意实践

滑板是一项依靠身体与环境互动的运动，线下活动是滑手与物理环境互动的唯一方式，也是滑板亚文化与主流文化互动的直接方式。滑板亚文化通过滑手组织不同的线下活动而产生影响。笔者发现，滑板运动群体的线下活动分为不定期约板、滑板比赛与活动几种形式。

1. 不定期约板

由于滑板运动的特殊性，很多滑手常常会一个人去玩滑板，平均时长三到六个小时不等。滑手一般会在相关微信群或 QQ 群里进行邀约，约到伙伴之后一起去玩滑板。地点一般在公园或者广场，约板的主要目的是提高自身的滑板技能，并和群组成员开展社交活动。例如，请群组成员帮忙查看自己的招式动作是否标准。成功完成动作之后，群组成员的赞美和鼓励对滑手都是相当具有激励性的。

2. 滑板比赛与活动

滑板比赛与活动一般由当地的滑板店举办，在世界滑板日或者一些节日，各地的滑板爱好者会在这些特定的日子举办聚会或进行滑板比赛，一般具有广泛的社会影响力。

滑板比赛与活动可以被视为一种象征实践，随着我国经济的持续发展，城镇化进程不断推进，而滑板运动也正在发生变化。滑手的着装风格不再那么突出，而是通过滑板运动本身的向主流文化传递信息。

（二）线上表意实践

互联网与新媒体的发展也为滑板亚文化表意实践提供了新的平台。作为线下实践的重要补充，线上实践是滑板亚文化风格的重要组成部分。滑板运动群体的线上互动主要分为内部和外部两种形式。

1. 群体内部互动

内部互动表现为滑板运动群体通过网络平台进行的内部交流与互动。例如，他们在私人或半开放的社交平台（如微信群、微信朋友圈、QQ 群等），与滑手分享和交流关于滑板的话题。

2. 群体外部互动

如果内部互动是在滑板运动群体建立理解和认同的一种方式，那么外部互动则是为这项运动提供了一个窗口，外部世界可以通过它去更好地了解滑板亚文化。与内部互动不同，外部互动是滑板运动群体通过新的社交媒体平台与外部群体进行沟通和互动的一种方式。例如，滑板运动群体将滑板视频上传到主流视频和短视频平台，滑板练习者和不熟悉这项运动的大众都可以看到这些视频；视频博客在滑板运动群体中也很受欢迎，许多滑手将他们训练和比赛的情景拍摄成视频并传到网上，以引起大家对这项运动更多的关注。

通过线上的内部互动和外部互动，滑板运动群体不仅传播了滑板技术，还传播了滑板理念。在线上和线下进行交流时，滑板运动群体也构建了自我认同和群体认同。

第三节　滑板运动群体身份认同构建

"身份认同"概念最早出现于哲学领域，强调对自我的确认。滑板运动群体以青少年为主。从古至今，青少年都面临着同样的心理危机，即对自己归属感的怀疑。这也形成了一种特殊的现象，如青少年会聚在一起，组成志同道合的小团体。青少年渴望确认他们现在正在做或热爱做的事情是有效的。这种心理模式对青少年亚文化的出现起着无比重要的推动作用，这种亚文化的特点是一种有关群体身份认同构建的特殊风格。

一、自我身份认同

（一）自我发现

滑板运动究竟有什么魅力，能吸引青少年？滑板运动的亚文化风格对于青少年来说，也是互相对应的，是青少年本来就感兴趣的东西。自 2016 年国际奥委会同意滑板成为奥运会正式比赛项目以来，全国各地都开始筹建滑板场地。我们可以发现，越来越多的广场、公园有玩滑板的青少年。通过青少年自发形成的"小团体"，组建社团的形式，滑板这项运动越来越频繁地出现在人们的视野里。

滑手的自我发现一般从接触到滑板文化开始，他们通过同伴、社团或各个网络媒体了解滑板运动，被滑板运动所展现的极限精神，不断挑战、永不放弃的精神和潮流文化所吸引。他们大多认为这项运动很酷，喜欢这项极限运动所带来的刺激感。"酷"字的早期含义偏贬义，表示残暴、悲惨等，后来由英语单词"cool（冷酷）"音译而带有新的含义，用于形容人英俊潇洒，冷峻坚毅，有个性，因此在青年学生之中迅速流行起来。这也反映出了随着亚文化的发展，有人把"酷"字理解为追求个性解放，是一种勇气，一种挑战，也代表了青少年对主流文化的一种抵抗。

骨子里的酷，是一种行为艺术，滑板运动拥有无限的可能，等人们去创造。这才是滑板运动最致命的诱惑，更是表达自我、活出自我的行为艺术。青少年处于特殊的年龄段，特殊的心理特征与滑板亚文化风格中的自由、坚持不懈、永不言弃等特质不谋而合，这也是滑板运动如此受滑手欢迎的原因。

大部分滑手对自己的技术不是很满意，因为他们想要追求更好的自我，总相信自己还能做得更好，这体现了滑板运动所蕴含的挑战自我、永不言弃的精神。

通过对滑板文化以及这个群体对自己影响的思考，滑手对于自由、坚持不懈这些精神的追求，也同样映射了自己想要成为的样子，展现了滑板运动群体成员对自由、快乐和洒脱的生活态度的向往。

通过观察其他滑手的表现，接触与主流文化不一样的滑板文化，青少年慢慢发现自己与内心所追求的、想象中的自我一致，在这个过程中便会形成对自我的深层认知。而个体追求理想中的自己的过程就是自我认知的过程。

滑板是一项有极致的个人风格的运动，每个滑手也都追求自己独特的"滑板风格"，在这个过程中，他们形成了自我认同。

（二）寻求认同，自我意象与他者评价的统一

人们普遍所认可的是，无论自己身处哪一个群体，群体中的其他人对自己的评价都会有相当重要的影响，当这种评价与想象中自己的形象一致时，"自我认同"就会被构建出来。

滑手之间很自然会有一种惺惺相惜的感觉。相对来说，由于发展时间等因素的制约，当前中国滑板运动的发展水平还不够好，且规模也并没有那么大，因此，当滑手遇到一个志同道合的人时，会很自然地产生一种"终于有人懂我，能和我交流我所热爱的事物了"的感觉，在这个过程中，自我认同也得到很大程度的完善。

滑手在相互分享的过程中也可以获得一种满足感，分享的内容涉及方方面面，如自己对于滑板运动的态度、对于穿衣风格的理解等，而这种交流与互动也都在共同创造和维系着滑板圈内的良好风尚。

滑板运动给滑手带来了自信，其他滑手对自己的认同可以使自己获得在其他环境中无法得到的满足感，有助于实现自我价值，成就完美的自我。

完成一个高难度动作后，滑手对于自己所付出的时间资本、精力等得到了一个正向的反馈，还有来自其他滑手的欢呼，也能得到其他现实生活中难以得到的满足感。

（三）虚拟社区的角色扮演

一些规模稍大的滑板店会建立官方微博、QQ 群、微信群等社交媒体群，

将滑板爱好者聚集起来，主要是用于板友之间的沟通交流、店铺宣传等。一方面有利于滑板店的宣传与发展，另一方面也在推动着滑板文化的发展。

除了大型滑板店外，学校社团也会组建滑板爱好者交流群、发布滑板最新资讯、组织滑手参加活动等。有的滑手自主建立交流群，并且由几个滑手主动担任社群的管理者，对群体成员进行管理，这样群体成员之间的黏度增加了，同时也保障了社群的良性运转。

除各种滑手交流群外，网络社区也是滑手交流的一个平台。网络社区相当于一个我们日常生活的平台，滑板爱好者在网络社区通过共同话题与其他滑手互动交流，并获得一定的地位与成员的评价，以实现自我认同。

滑板运动群体是一个具有一定专业性的群体，对滑板运动的热爱将大家聚集在一起成为一个群体，而所谓的个体与他人的互动，就是滑手与整个滑板运动群体的互动。由于这个群体有着共同的爱好，是志同道合的朋友，因此滑手不可避免地会比较在意群体中其他滑手对自己的评价，通过他人的评价与自我意象的统一实现"自我认同"的构建。

二、群体身份认同

自我认同主要是对个人自我特质和特点的认同，群体认同使个人能够认识到自己属于某个特定的群体，也能够认识到作为群体成员给自己带来的情感和价值意义。

有学者把个体在群体中的角色分为游客、新人、常客、领导和前辈五个阶段，而滑板运动群体里也是会有板新、板仔、大佬、pro（职业滑手）等身份。要想从一个游客变成一个板新，就必然会面临一些准入机制。笔者认为滑板运动群体成员更像是游客，当选择加入滑板运动群体的时候，就好像拿到了一张体验卡，但很少人能拥有一张终身体验卡。

（一）边际划分

1. 准入机制

确实，小众文化的社交圈会具有一定的排他性，在现实生活中是不是也如此呢？在边界分明、准入严格的传统亚文化群体眼中，很难想象他们会像现在的新媒介亚文化成员一样来去自如。许多亚文化部落在其网站上有"友情链接"和"友邻小组",人们可以轻松进入另一个社区,这些特点加剧了亚文化符号身份的流动和不确定性。

由于网络的发展,亚文化群体在网络世界中可以拥有许多不同的身份,而他们身份的流动与不确定性让其拥有较为宽松的准入机制。大多数被称为"亚文化群体"的群体可能并不像许多分析模式所设想的那样,是明确界限、同质、自发、以阶层为基础的,也不像许多特定年龄的群体那样。

滑板运动群体对于想要加入的新人来说还是相对友好的,大多数滑手还是非常愿意有新人加入的,并且十分愿意教新人,说明要进入这个群体还是比较简单的。但是为了分辨一些圈外人,一些地方的滑板社群建立的线上社交群(如 QQ 群)也会设立简单的与滑板相关的问题,来阻挡一些圈外人的滥入。但是对于想要加入滑板群的滑手来说还是相对友好的。

滑板运动群体没有规则,但每个人自己心里都有规则。滑板运动这个自由的特性使得这项运动是没有规则的,谁玩得更"酷"就是唯一准则,而滑手们也不愿意给滑板运动制定什么规则。在这个群体中,大家都可以享受自由、享受孤独、享受成功的愉悦,也可以和群体中的成员互相交流和分享,与群体内的其他成员产生深厚的友谊。现在的青少年也可以将这种亚文化资本兑换成经济资本,如成为赞助滑手、职业滑手,在社会结构中获得越来越多的话语权和表达空间,青少年的个性也因此越来越多元化。

2. 群体画像

(1) 群体年龄

滑板运动在 30 多年前传入中国,以其独特的亚文化特点深受青少年的喜爱,大部分滑板爱好者的年龄集中在 10 ~ 30 岁,以学生群体为主,并逐渐呈现出低龄化的特征,在 2019 年 U 系列中国青少年滑板巡回赛宁波站的比赛中甚至出现了年仅 5 岁的滑手,报名人数相对较多的是 U12 和 U9(即 12 岁以下和 9 岁以下)。不过有些滑手是在大学时才接触了滑板,但是在大学毕业后就不得不放弃滑板。有一些滑手工作后会坚持玩滑板,或者从事与滑板有关的行业,把自己对滑板运动的热爱延续下去。

虽然说滑板运动的受众已经呈现出低龄化的特征,但是"滑板代表着年轻,但它绝不是年轻人的专利",所以有很多老年人也参与到滑板运动中来。由此可见，滑板运动没有年龄限制，只要想要开始，永远都不晚。

（2）群体消费行为

滑板运动刚传入中国时，滑板爱好者只能去订国外的滑板，价格也就相对较高，不是普通家庭能负担得起的。现在中国自己的滑板场、滑板店慢慢开起来，一块入门级整板只需不到300元就能买得到，但专业滑板的价格区间就非常大。现在很多家庭的经济条件好转，家长越来越尊重孩子的个性发展，也会愿意支持孩子的兴趣爱好，所以现在买一块滑板不再是难事了。但是高级的滑板及其配件，以及更换不断磨损的鞋子也是需要花费不少钱的。

（3）群体地域分布

在滑手看来，秦皇岛可以算是中国滑板的发祥地。在中国的一线城市与一些较发达城市，滑板运动发展得比其他城市更好。不过近年来，二三线城市也出现了滑手的身影，可见这项运动的普及程度也更高了。

（二）圈内互动

当一个亚文化群体的成员对他所属的群体有了一个清晰的认知之后，与圈内成员会产生不同寻常的情谊，在参加的不同社团中，也会觉得在滑板圈里更自在。在滑板社群当中，滑手们通过自我表达与交流使群体内的成员更加熟悉，在这一过程中滑手们获得彼此的友谊，并产生一种归属感。滑板运动群体成员在一系列的文化实践活动中进一步明确群体成员的身份，强化了对群体的认同。

1. 线下群体实践

滑板运动群体的线下活动主要分为三种类型：一种是由滑板爱好者自发组织的聚会，如刷街、练招等，具有私人性质，规模比较小；另一种是由滑板店举办的一些活动或者比赛，这些活动或比赛常设置奖品或一定数额的奖金；还有一种是由官方组建的比赛，这一类比赛规模更大，具有官方性质，可以很好地激励滑手们去进行滑板运动。

在线下的交流中，滑板群体成员刷街、练招，不少板仔说踩板以后，自己更愿意、更有胆量去结交新朋友，还认识了不少一起玩的板友，所以滑板运动能在一定程度上提高运动群体成员的社交力。大多数滑手表示，一个人滑板是孤独的也是享受的，但是一个人练习进步非常慢。人类有一种合群的倾向，合群可以满足人类的多种需要，而这些需要可能不是孤立存在的，它们可以消除人的孤独感，并调节人的心理和行为。如果是滑板新手，一个人更有可能放弃挑战难度超高的运动，但是在和大家一起玩滑板时，旁人异样的眼光所带来的不适感则会立即消散，不再像单独练习时那样感到害怕，反而会产生骄傲、自豪的心理情绪。

滑板运动有社会传染性，它的存在就是让大家聚在一起，消除人与人之间的社交界线。你来自哪里或有什么背景都不重要，重要的是我们都爱上了滑板运动。打个招呼就建立了彼此之间某种特有的联系，不需要语言，有滑板就行。他们在日常的文化实践中形成了小团体，通过这些活动，建立了一个超越个人主义的"情感共同体"。另外，相对来说，技术最好的滑手的话语权力也最大，资深滑手会受到大家的尊重，有较高的地位，在社群内也会主动担任社群管理者的职位。

2. 线上群体互动

很多地区的板友也只是组建了线上滑板群，在线上滑板群里大家可以进行约板和聊天等活动。群体内的氛围轻松活跃，板友除了与大家分享关于滑板的事情，也会和大家分享各种生活上的事情，互相交流，互相进步，而且我们发现，人员越集中、人数越少的群会更活跃，大家通过在群里的频繁互动建立起成员间的情感纽带。还有滑手在大型视频网站上传自己的滑板视频，以此来记录自己的日常生活，也为了让更多的人了解滑板运动，宣传滑板文化。

在线上网络空间中，滑板运动群体通过社交媒体表达自己的观点，通过开放媒体向外部世界展示自己，并与同类人互动。滑板运动群体在内部互动中表达自己，构建自我认同。

（三）社会比较，承认差异

虽然滑板圈具有准入门槛较宽松的特点，但并不是加入滑板圈就能获得很好的身份认同感。比如，有一些滑手会对那种只是临时起意、玩新鲜感的人表示不欢迎，他们认为这些人扰乱了滑板圈的风气，称这些人为"板混"。其实大家对于板混的定义还是比较模糊的，滑手普遍认为板混在态度上对滑板没有足够的尊重，只是因为一时兴起，便拿起滑板，兴趣消失便不再从事滑板运动。

对于滑板运动成为奥运会项目，大众也有不同的看法。有人认为滑板成为奥运会项目可以掀起一股全民滑板热,推动滑板事业的发展。也有人认为这并不是一件好事,因为滑板本身是一种无拘无束的没有规则的运动,而将其列为奥运会项目与滑板运动的初衷背道而驰。还有一部分人认为,滑板成为奥运会项目必然有其积极的一面,可以将独立滑手与国家队选手分开,所以不必纠结,只不过有了两种滑板文化,从大体上看还是对滑板运动的发展有着积极的意义。可以看出,反对滑板成为奥运会项目的人就是不想让滑板运动违背自由独立的初衷,保持滑板运动的核心文化与核心精神。

不管怎么样,滑板成为奥运会项目已成定局,推动滑板运动的发展也是不争的事实,就像前面说的一样,滑板是一项高度商业化的项目,有了奥运会的支持,在大环境下确实会推动滑板运动向好的方向发展。最终的滑板运动可能会发展出两种滑板文化,但无论滑板运动最终变成什么样,这项运动本身没有太多限制的风格一定不会改变。最关键的还是滑板运动群体选择哪个方向,是追求它带来商业上的名利,还是不断挑战成功的成就感,或是单纯享受它所带来的最纯粹的快乐。滑板运动最初起源于街头,但却又不仅限于街头,它是许多文化元素的载体,而它自己本身就是打破规则另辟蹊径的产物。

综上所述,滑板运动群体通过准入机制与其他社群进行划分,而群体内的成员可以通过彼此的互动交流,强化身份认同,且在强化边界的过程中增强对于滑板运动群体的归属感。群体中的成员认为这项运动和他们自己是不可代替的,并积极地将自己与其他从事流行的运动的人区分开来。即使是在同一群体中,笔者也发现每个人都追求自己独特的滑板风格,通过这个过程,他们承认了差异并实现了自我认同。

第五章　老年群体身份认同研究

第一节　社交媒体时代的老年群体

在中华传统文化中，人们对老人十分尊重与推崇，这种观点也渗透到社会的各个方面。尊老爱幼的观念流传几千年并延续至今，但数字技术重塑了当前的社会，截然不同的生活环境和社会氛围对老年群体造成了一定的冲击。由于年龄原因，老年群体基本处于退休状态，在一定程度上与社会脱离，同时，家庭交往方式发生改变，老年群体缺少情感寄托，自己又处于社会的偏见之中。身份转变的危机直接推动了老年群体身份认同的重构过程。

一、社会生活的变迁

在科技相对停滞时期，社会生产更多依赖着老年群体，老年群体拥有丰富的生产经验、生活经历和技术技能，并通过他们的知识和经验来实现自己的社会价值。老年群体在社会中处于极其重要的地位。

近代社会的发展在一定程度上降低了老年群体在社会中的地位。主要体现在老年群体在变老的过程中因角色转变而出现的社会融入问题。第一，由于年龄问题，老年群体逐渐处于退休养老状态，从原本的工作场合中撤离；子女长大成人，逐渐离开家庭，部分老人因丧偶而失去了作为妻子或丈夫的角色。以上原因导致老年群体在工作和家庭中的影响力不断下降，地位渐趋边缘化，身份的转换和调适难以适应，容易造成心理与身体上的不适。第二，由于数字化社会发展迅猛，人们的生活方式逐渐数字化，这意味着线上与线下交往日益深入。老年群体和其他群体一样，也身处这一社会变迁之中，从现实社会向网络社会转移，在这个过程中，老年群体的融入速度相较于青年群体更慢一些。社交媒体的主要目标用户是高活跃度的年轻受众，传统媒体和新媒体逐渐融合也是为了吸引年轻受众的注意力，老年群体可享受的社会信息资源逐渐变少。这两个层面的社会融入问题对老年群体产生了巨大冲击，其身份认同面临着巨大考验。

二、传统的家庭交往方式被打破

生产是农耕文明的重要职能之一，老年群体拥有丰富的生产经验和娴熟的生产技巧，在家庭中具有一定的权威，掌握着教育年幼者的权利。在中国，受孔子"孝"文化的影响，老人在家庭中普遍处于一种值得尊敬和维护的地位，深深地影响着我国的家庭观念。

但由于社会的发展，很多年轻人外出务工。在城镇化背景下，我国老年人口中空巢老人占比目前已超过50%，部分大城市和农村地区，空巢老人的比例甚至超过70%。根据相关数据得知：目前我国的空巢独居老人已经达到了两亿之多。复旦大学的一项调查显示，超过四分之一的60岁以上的老年群体感到内心孤独。在经济高速发展的环境下，年轻人忙于工作，缺乏与长辈的沟通，缺少对长辈的陪伴与关爱，使很多老年人跟不上时代发展的脚步，同时也打破了传统的家庭交往方式。

第二节　社交媒体时代老年群体的身份认同发展

一、老年群体在使用社交媒体过程中的自我身份认同

"自我认同"是在一定的社会环境中，个体通过自我反思以及与他人的互动，逐渐形成对自身的身份感、确认感和认同感。老年群体在使用社交媒体过程中寻求完美的自我，从而弥补现实中的落差。通过网名、头像、照片、视频等符号构建自我呈现的场域，完成自我身份的确认。信息使用的自由度也让老年群体获得了高度满足感。

（一）自我意象：他者评价的反差

法国精神分析学家雅克·拉康（Jacques Lacan）的镜像理论对自我意志的反映进行了详尽的论述。拉康认为，自我的构建离不开自身也离不开镜中自我的影像，自我通过对影像的认同而实现。镜像理论起源于一个关于比较心理学的事实：刚满一个月的婴儿能够在镜中辨别出影像，意识到自己身体的特征。虽然婴儿的镜中形象与其实际存在有一定的差异，但是婴儿仍会将自己的形象和镜中的影像等同起来。在镜子里得到的图像也会对成年后的自我认知产生影响。这就意味着在婴儿期，这种自我认同的过程将对人类的认知、认同产生重大的影响。由此可见，自我的形成实际上是一系列的想象认同。每个人都会具有充满理想的、虚幻的自我想象，尽管和现实生活有一定的差距，但也是个体孜孜不倦追求的动力。

在英国社会学家安东尼·吉登斯（Antony Giddens）看来，"理想中的自我"属于自我认同的核心成分。使用社交媒体的老年群体对自我的认知也会带有理想的成分，由于在现实生活中很难达成一个较为完美的自我，他们便投身于社交媒体来寻求自我满足。数字媒体时代，由于老年人的身体机能退化、记忆力下降，其在学习新技术的过程中明显落后于年轻一辈。在传统文化中，老年群体经常被塑造为一种较为积极正面的形象，但现代媒体对老年群体社会角色的标签大多数是"落伍"的代言人，容易让他们产生心理落差。而在社交媒体平台中，老年群体可以根据和他人的互动情况对自己的网络形象进行修饰再现。社交媒体平台可以保持表演者和观众之间的距离，发布信息时可以对信息进行仔细斟酌，加工润色。由此可见，老年群体在虚拟空间中实现虚幻的自我意象时也会获得心理满足。

（二）自我呈现：网络身份的塑造

自我呈现是人类在日常生活中的一种常见的行为，是一种想通过维持、改变别人对自己的印象进行控制的过程。网络的普及也让自我呈现延伸到网络空间。特别是在社交媒体中人们可以根据自己的人际关系选择好友，社交媒体还提供了一些展示自己的平台，如朋友圈、QQ空间等，同时，个体可以通过选择头像、更改网名、更新动态等操作来呈现自我。

1. 表明真实身份

社交媒体的技术迭代也在不断推动着人际关系的升级与深化。现在社交媒体是基于人们线下关系而建立的网络关系，线下的人际关系转化为线上的人际关系。年轻一代深受亚文化的影响，追求个性、与众不同，网名和头像都力求展示独特的自我。但是，绝大部分老年微信用户将昵称设置为自己的真实姓名或家人朋友熟悉的称呼，头像设置成自己的照片，因为其好友仍然是熟人。

老年群体的交往对象倾向于自己的老同事、老同学、老战友，其次是亲人，再次是志同道合的朋友或网友。老年群体更愿意与家庭成员和自己交往多年的好友进行网络交流互动，来满足自己的情感需求，而不是结交新伙伴。这就意味着老年群体在使用社交媒体过程中时自己的真实信息可以帮助他人找到自己。同时自我表露有助于人际关系的深化，在社交网站中使用真实信息更容易获得他人的信任和好感，从而提升个人使用社交媒体的体验感。

2.展现积极的生活态度

互联网的发展催生了文本表演，即人们可以通过标记听过的音乐、读过的书来向他人展示自己的品位，如微信朋友圈中的形象是经过精心设计打造的。人们在想获得其他人认同时，可能会隐瞒自己的想法，虚伪地呈现出他人更乐于接收的内容。在社交媒体上进行自我展示时，我们不必控制自己的眼睛和微表情，因为它们都隐藏在电脑和手机的后面。与此同时，我们可以通过精心的设计来制作我们的作品，从而影响他人对自己的印象。相比年轻人的"精致包装"，老年群体在自己的社交媒体中，更加愿意展现自己真实、积极的生活态度。在头像和网名的选取方面，老年群体也偏向于积极向上的一面。

（三）自我满足：网络信息的需求、获取和使用

1.信息需求的多样性

除了日常的生活需求外，由于老年群体的听力、视力、记忆力等大不如前，因此，他们还有一些比较突出的需求，如老年人关爱护理、日常照料等信息需求。应帮助老年群体有效地获取上述有关信息，提高社会资源的利用效率，从而满足他们的日常需求，提高生活幸福感。由于生理原因，老年群体对各种健康保健、医疗卫生的需求也很强烈，同时也会关注一些关于养老退休的新闻信息。

老年群体在社交媒体上的情感需求比较强烈。他们可以通过社交媒体了解儿女、伴侣和朋友的近况。同时，社交媒体也可以为想要有新伴侣的老人提供一些婚介信息。同样，为了让老年群体对社会有更多的归属感，他们还可以通过社交网络获得有关社会组织的资讯。

在完成自己一生的梦想或者利用自己的长处为社会做出贡献的时候，老年群体可以通过网络获得一定的技术和知识，从而提高自己。此外，他们也愿意通过互联网学习一门技术来发展自己的兴趣爱好，陶冶情操。

2.信息获取的便捷性

老年群体习惯使用传统媒体（如电视、广播）获取信息，但传统媒体传播信息是在固定时间、固定频次的，用户无法根据自己的喜好和时间自主选择信息。而社交媒体时代，信息获取更为便捷，5G技术加快了信息传播效率，各平台内容可以无差别更新，用户可以根据自己的时间和喜好自主查阅信息。各平台通过抓取用户浏览信息的习惯和频率，从而给用户定位并生成标签。同时，

也为每一位用户提供了个性化的内容，加深了搜索信息的方便程度。垂直分发的方式可以打破各个圈子之间的隔阂，从而实现用户的个性化需求。社交媒体使信息获取更为便捷，用户可以根据自己的时间获取、接受信息。由此可见，在社交媒体时代，老年群体获取信息更加便捷。

3. 信息使用的自主性

在社交平台中，任何用户都可以编辑文字和图片发布信息，传播者和受众的界限变得不那么分明了，用户既是信息的传播者也是信息的接受者。这意味着个体互动模式的来临，改变了过去传统媒介以传播者为中心的线性模式。在社交媒体时代，老年群体可以自主选择自己所需要的信息，个人信息的选择性和延伸性达到前所未有的高度。

网络上的信息真假难辨，老年群体会对健康方面的知识格外留意，而他们对信息的辨别方式大多依靠自身的常识和经验，难以用科学的方法进行验证。老年群体接触新媒介的时间较短，加之新媒介在运用过程中所表现出的数字化思维与技巧等与传统媒介迥异，给社交媒体披上了"操作复杂、程序烦琐"的外衣，致使老年群体对社交媒体的认知水平偏低，因此，提升老年群体的媒介信息辨别能力越来越重要。

二、老年群体在使用社交媒体过程中家庭身份的转变

从家族的视角来看，受中国传统道德观念的影响，父辈在子女的成长中始终充当着启蒙者与传承者的角色，而子女则是被启蒙者与接受者。"传"和"受"是家族中的一种无形的影响，它反映了两代人之间的关系和家庭地位。本被排除在某一社会群体之外的个体，通过社会化过程，实现了信息系统的共享。但是社交媒体的出现让代际互动的情境结构与个体角色结构间的关系发生了反向社会化，在这个过程中，老年群体的身份认同也发生了变化。

（一）社交媒体导致老年群体的家庭身份发生变化

1. 传授关系互换

青少年作为"数字原住民"，引领着社交媒体的风向，中年人属于"数字移民"亦步亦趋，而老年群体被归类为"数字难民"被边缘化。新媒体的使用

和介入导致我们的文化、思想产生了差异，家庭间的代际也不断扩大。但是代际之间围绕着社交媒体而产生的"文化反哺"，如年轻人教老年人一些关于社交媒体的知识点和使用方式等，也为消除数字代沟提供了机遇。

"文化反哺"的出现，意味着家庭互动模式发生了转变，过去的单向训导过程被现在的双向的学习过程所代替。在社交媒体时代，年轻人会教老年人关于使用社交媒体信息、网络流行语表情包等方面的知识；老年群体面对使用社交媒体的问题时，会向年轻人寻求解决问题的办法，这个过程不仅拉近了家人之间的距离，也极大地增强了年轻人的信心和积极性。这种传播模式在一定程度上拉近了亲子关系，形成了一种全新的代际传播模式。

2. 家庭权威转移

在传统的家庭关系中，长辈具有较高的权威。在子女的认知里，遇到困难问一下长辈就能够得到答案，长辈在信息面前的优势巩固了自己的权威地位。新社交媒体的出现打破了由长辈独占的资讯资源的局面，使家族成员处于同一情境，长辈的资讯资源优势已不复存在，对他们的权威地位产生了一定的影响。如果长辈在智能手机的使用上遇到困难，多数会寻求子女的帮助，子女凭借社交媒体技术掌握信息优势，使得家庭权力关系从单向权威向双向权威转变，亲代与子代的数字化沟通逐渐趋于平等。

（二）社交媒体对老年群体家庭关系的反馈

1. 正向反馈：社交媒体弥合家庭关系裂缝

老年群体不在工作岗位上，因此很少有机会参与集体的社会活动。子女又要忙于工作和生活，因此没有时间陪伴老人。由于社会的发展，很多子女外出务工，甚至一年或者半年才回家一次。因此我国的空巢老人越来越多，很多老人都会感到内心孤独和失落。社交媒体的即时通信功能，让人们实现了远程通信，无论距离多远，通过视频聊天，都可以让两代人"面对面"地交流，让两代人的信息同步传输，形成一种"如在现场"的存在感，让家人之间的关系更加紧密。

在社交媒体中，感情的表达方式也更加多样化。年轻人在聊天过程中使用表情包或者一些网络用语来表达自己的情绪。但是大多数老年人受年龄或生活经历的限制，在发送信息时不太会使用表情包，或不理解网络用语的含义，这也为年轻人向老人进行反哺提供了契机。

表情包缩小了代际之间交流的鸿沟，表情包成为亲子代际交流的新形式，除了可以替代和辅助部分语言外，还成为情感递进的交流工具。亲子关系更加亲近，交流更加有温度，打破了过去的家庭障碍，营造了良好的家庭氛围。

2. 负向反馈：社交媒体激化了家庭矛盾

社交媒体在一定程度上促进了家庭互动，扫除了交流障碍，但是也催生了一些问题。在社交媒介构建的沟通环境中，父母和子女很容易被虚拟的交互所蒙蔽，"近在咫尺"的亲子沟通可能会造成真实的亲子关系疏远，从而使家庭情感产生某种程度的分裂。家庭成员通常把真实的区域划分和"在场"的概念混为一谈，这会给家庭中的亲子关系带来消极的影响。真实的"在场"逐渐被虚拟的"在场"代替，亲子间的交往呈现出碎片化、媒介化的特点，家庭团体和亲近感的维系受到挑战，导致亲子间的矛盾进一步加深。

家庭反哺也不能完全消除数字鸿沟。传统媒体的信息有"把关人"，在信息发布时对信息的真实性有一定的把控。在新媒体时代，每个人都是信息的生产者和发布者，因为利益或者其他诱惑，标题党、假新闻、虚假广告频出，扰乱了社会的秩序，增加了老年群体辨别信息真假的难度。辨别信息真伪需要有一定的信息判断能力和媒介素养，而老年群体进入新媒体时代较晚，其媒介素养比年轻人弱，辨别虚假信息的能力也较差。

第三节　社交媒体时代老年群体身份认同的构建

一、老年群体在使用社交媒体过程中的社会身份重构

2002 年《马德里老龄问题国际行动计划》将"老年人和发展"作为三大重

点工作方向之一，并将其纳入"积极老龄化"发展战略。老年群体不仅能参加体力活动，更能涉足政治、经济、文化等各类实践领域，他们逐渐从社会的拖累者变成社会发展的推动者，在社会参与的过程中，他们的身份不断重构，社会认同也得到提升。

（一）新的内容生产者

短视频具有拍摄简单、容易剪辑等特点，自 2016 年以来呈现井喷式发展。社交媒体的出现也为老年群体提供了一种全新的休闲方式，来丰富自己的老年生活。以抖音为例，老年群体在子女的帮助下融入网络世界，抖音短视频平台上也有很多的模板，创作者之间可以相互借鉴模仿，老年群体可以快速地创作作品。短视频作为一种信息传播形式，可以帮助老年群体获取有用信息，展现真实自我，记录日常生活。

有不少老年人成了老年网红。根据附着力因素法则，"争议"和"吸引力"是双向的，流行的事物本身就应有自己独特的附着性。新的元素在短视频社交平台上出现，纷繁复杂的老年世界打破了以往的规则，对传统的视频内容进行了彻底的颠覆，让老年话题具有了吸引力和争议性，成了人们关注的焦点。

与年轻人的短视频创作不同，老年群体的视频大多数非常接地气，或者颠覆人们心中老年人的固有形象，能够引起网友的热议。据统计，一些老年网红的视频主题大多数围绕着"精致穿搭""美食互动""养生科普""人生感悟"等。老年网红获得广泛关注的一个原因是受众能够在他们身上进行情感寄托。我国尊老爱幼的传统使得年长的网络红人很容易得到粉丝的好感，从而完成裂变式的信息传播。

（二）新的知识学习者

老年群体在退休之后社会角色会发生变化，其社会参与和外界交流不断减少，长此以往容易产生孤独感和空虚感。通过社交媒体平台，老年人可以进行移动学习，填补时间的空白。目前，我国社会上的老年教育有正规老年大学、社区老年教育、老年群体自发式学习等，但是从数量上和质量上仍不能全面满足老年群体。

利用互联网进行教育，抛开了地域、经济等因素的限制，可以有效地推动我国有限的老年人教育资源的普及，让不同地域、不同层次的老年群体受益。在家里用手机学习，固然能让老年人体会到学习的快乐，但也难免会令他们觉得无聊和寂寞。网络社交将志趣相投的人聚集至社交平台，让学习和社交互动相融合，具有自主性、交互性等特点，让学习不再是个人的内化过程，可以让知识学习者不断地交流、互动，完成再社会化。在不同的网络平台有很多的教学资源，老年群体可以自主选择。

出于"活到老学到老"的精神，很多老人都在社交媒体平台中学习新知识。对他们来说，这不仅仅是为了"学习新东西"，来上课本身就打破了孤独感，获得新技能也让他们重获一种"我能行"的感觉，从而摆脱负面标签，尝试新的人生体验，为自己的老年生活增加乐趣。

（三）新的社会参与者

孤独是老年群体发生心脏问题、中风、失智、抑郁、焦虑的一大风险因素。有些人认为自己到一定年纪，无法再继续为社会做贡献，实现自己的价值，从而陷入"无角色的角色困境"。通过社交媒体，老年群体可以与原有的社交网络加强联系，并在某种程度上拓展了新的社交圈，让自身远离孤独，获得新的生活方式。通过线上的交流和联系，同时反馈于线下的社会活动，实现线上线下的有效结合，也可以帮助老年群体获得新的社会身份，实现他们的社会价值。

根据查尔斯·霍顿·库利的"镜中我"理论，人的行为很大程度上取决于对自我的认识，而这种认识主要是通过与他人的社会互动形成的。社会是老年人展现自我、表达自我价值的重要场所，成为新的社会参与者可以帮助老年群体重新找到自我价值，进行自我定位，提高自我认同和社会认同。

以"中国老人第一入口"社区"老小孩网"为例，其特色就是把自己的站点当成一个社区，形成一个虚拟社区。在这个社区中，老年群体可以在线下开展电脑教学活动、联谊聚会、以老助老等公益活动，开展互帮互助，资源共享，提高个人社会满足感；在线上可以发表自己的活动策划、旅游感想等。

（四）新的生活体验者

在人们的生活中，媒介不仅是信息传播或者娱乐消遣的工具，而且逐渐融入我们的衣食住行中，成为我们生活的一部分。智能手机早已成为我们日常生活中的必备品，我们对此已习以为常，但却忽略了一个事实：很多老年人不会使用智能手机。互联网技术的更广泛应用揭露和放大了老年群体面对数字化生活的不适。很多老人发现，不会用智能机不仅很难打车，甚至医院挂号、银行办事、生活缴费都寸步难行。老年群体不断学习社交媒体的新功能，以便利日常生活，避免与社会脱节，促使自身的社会身份不断得到强化。

二、社会合力拓宽老年群体身份认同的渠道

"积极老龄化"是世界卫生组织提出的概念，其主要观点是：老年群体也是社会的宝贵资源，能够给社会带来财富和创新。因此在应对我国老龄化浪潮的大背景下，应该给予老年群体更多的关注，从政府、技术、社区等角度为其创造更好的环境，提高老年群体在社交媒体时代的身份认同。

（一）政府扶持，承担媒介素质教育

在推进老年群体媒介素养教育的进程当中，政府是其中重要的决定性角色，其政策力是提升老年群体媒介素养最为有效的直接动力，因此政府在老年群体的"数字困境"越来越严峻的趋势下，应该积极推进老年群体媒介素养教育的发展。

为解决老年群体的数字鸿沟问题，政府在政策等方面给予老年群体以一定的支持，为他们提供一个良好的数字环境。在制定政策时，重点关注老年群体的日常活动，包括衣食住行、休闲娱乐等。一些促进智能服务更普及的政策的出台，为老年群体提供了实实在在的帮助，并解决了他们的实际困难，保证了他们的正常生活，但是这些政策还需要进一步的完善和实施，各级政府要切实负起责任，真正地关爱老年群体，从根本上解决他们面临的信息技术难题，努力解决老年群体面对的数字鸿沟问题。

在新媒体环境下，由于新媒体技术和智能移动技术发展的差异，因此处于不同地区的老年群体的媒介素养也有所差异。政府不能建立单一的媒介素养教育体系，应根据不同的地区形成不同的教育体系。同时，政府也应该采取参与

式学习的教育方式，如不同主题的征稿、短视频制作、拍摄等相关活动，让老年群体参与到媒介内容的生成过程当中，使他们在以后的信息接受过程当中能够带有批判性的思维。

（二）平台监管，研发适老算法

媒体平台在设定产品定位时，往往是针对具有巨大消费潜能的年轻人群，在产品与软件的设计上，也以年轻群体为主，对老年群体的关注较少。老年群体在使用软件时，会遇到一定的心理和生理上的问题。所以，从"普惠"的角度和用户需求等方面，应为老年群体提供更好的服务。

互联网平台应该针对老年用户研发一套老年群体适用的算法，根据用户在注册时的实名认证，其算法应该不能再完全基于个人兴趣进行推送，而是应该在其基础上增添人文关怀。提供专业的关于老年群体的健康信息、日常注意小贴士等真实可靠的内容，将兴趣算法和人文关怀相结合，破除原有算法给老年群体带来的信息限制。

2021 年 10 月 28 日，《移动互联网应用（App）适老化改造调研报告》发布，报告专门指出，老年群体对主流 App 的需求为增大字体、减少广告、简化操作、大图标、人工客服。支付宝、微信等 10 个 App 因字体和图标可以放大、界面简洁明了而成为中老年群体相对满意的主流 App。

（三）社区组织，注重数字化情感沟通

社区是一个大的家庭，现在许多社区都有组织慰问老年群体的志愿者活动，因此社区也可以通过年轻的志愿者向老年群体传授手机等媒体使用的技能，并且还可以定期举办摄影、拍视频等主题活动，通过社区的力量燃起老年群体积极参与的热情。比如，甘肃兰州的一个社区就设立了老年群体智能手机学习课程，老人在社工的指导下学习如何使用手机的各个功能，并且取得了良好的反响。

（四）转变观念，提升媒介的生存能力

现阶段，老年群体对社交软件的认识和利用程度还较低，在面对各种的软件时会产生抗拒、恐惧等心理。因此，在促进老年群体社会参与和实现"积极老龄化"的目标时，除政府、社区、家庭合力外，老年群体自身也要转变观念，明确自己使用社交媒体的目的，克服对智能设备的恐惧心理，积极融入当前的社交媒体环境，提高自己的媒介使用水平。

在使用社交媒体前需要掌握相应的技能，因此，不仅需要提升老年群体的参与意识，还要帮助他们学习使用各种社交媒体的技能技巧。主要分为以下两个方面：

1. 提高信息获取能力，高效利用信息

互联网中的每个人都是信息发布者，他们有着自己发布信息的动机，这就使得网络空间纷繁多样，处于信息超载的状态，人们在选择信息的时候往往面临着巨大的困难。在海量信息中获得自己的目标内容，则要提高自己的信息获取能力。我们需要引导老年群体能够根据自己的要求，通过各种方式快速、高效地从互联网空间中采集、选择自己所需的有用信息。

2. 提高信息辨别能力，明辨谣言和假新闻

社交媒体的信息量巨大，满足了老年群体摄取知识的欲望，但是碎片化的传播让信息极度失真。以短视频为主的社交媒体为适应平台本身对形式、篇幅的限定，对事实本身和生活原片进行大量的删减、压缩和夸张化，颠覆了传统的距离概念，媒介真实与现实的边界被消弭，而老年群体也更容易把媒介视为"镜子"，对众多事物产生过于简单甚至错误的认知。因此，应加强老年群体对网络信息的识别能力，以保证其在使用社交媒体的过程中保持理性和主动性。

三、老年群体社会身份认同的构建策略

抖音是当下影响力较大的短视频平台，在其影响下，老年群体也在积极采取策略，通过主动表达与呈现来探寻自我在社会结构中所处的位置，构建身份认同。这里以老年抖音用户为例，对社交媒体时代老年群体社会身份认同的构建策略进行阐述。

（一）符号修饰下的自我塑造

抖音激发了大众的审美情感，改变了崇高的审美标准，审美趋势越发朝着

大众化方向发展，这种变化也不断地构建着普通大众对自我的想象与塑造，促使个体积极地参与到视觉狂欢中。借助抖音的符号信息，老年群体能够将理想自我以具体可见的形式呈现出来。抖音能够帮助老年群体追求自我独特性与时代感，成为老年用户构建自我身份的一种可行的表达方式。

1. 抖音的舞台场景设置

抖音为老年用户提供了一个虚拟与真实交融的场景构建空间。在这个空间中，每个人都能运用各种符号创造出更为理想化的自我形象，将现实中的社会身份隐藏或加以补充、改造。

虚拟建立在短视频的场景构建上。在抖音中，老年用户可以凭借风格多样的特效、道具、配乐等数字化符号来实现具有独特表征意义的场景代入。在虚拟场景下，人们可以"进入"他人的生活空间，在手机屏幕中实现跨越空间距离的联动，也能够为自己创造表演舞台，提供身临其境之感。

真实体现在老年用户的网络身份构建是以真实自我为基础的。尽管在以"弱连接"为导向的陌生社交逻辑下，抖音有着极强的开放性，但与年轻用户不同的是，老年用户并非完全借助网络匿名性来实现对"前台"的呈现，而是尝试通过舞台符号的运用进行身份的补充和修正，以寻求内在真实自我与理想自我的统一。头像、昵称和个人简介是抖音用户进行自我身份构建的直接途径。

精心装点的抖音舞台，蕴含着老年用户的表现欲以及追求个性的心理，能够将自我以近趋完美的方式展示出来，在满足自我期待的同时，增进他人对自我的了解，收获他者的喜爱与认可。在老年用户进行自我塑造的同时，也会以此来评判对他人的印象。

2. 美颜下的形象打造

受到传统价值观念和环境的限制，过去老年群体只能凭借对旧时容颜的记忆和当年的照片来满足对自我的想象，而抖音所提供的多样化的数字美颜滤镜和特效，将老年群体头脑中的理想自我以图像形式具体地呈现出来，将自身的老年形象与现代化元素连接起来，能动地实现年龄的扭转、角色的转换，老年用户构建自我形象的意识被激活，为实现自我审美期待提供了路径。

特定的形象所蕴含的独特意义通常会被行为主体所内化，从而对主体的自我价值感知带来非同寻常的影响。尽管这种近乎完美的符号化呈现仅存在于虚拟平台中，也依然能够实现老年人对于形象的想象。

在景观社会中，"观看"与"被观看"往往不是界限分明的，相反，在看与被看的情感因素里通常是被动中包含着主动。可以看出，老年用户有着同年轻用户相似的对形象美化的追求和"被看"的主动倾向，这一行为在老年女性群体中表现得更加明显。在看与被看的想象中，老年用户能够获得自我满足心理，或来自对年轻记忆的再加工，或出于对美的追求，这甚至成为部分老年用户沉迷拍短视频的重要原因。

3. 模仿与拼贴的创作技巧

短视频平台的媒介特性与传播环境为用户提供了创作空间和大量的符号素材，与此同时，用户的再创作也为短视频平台的运作注入活力。在抖音中，老年用户经常使用的创作技巧是模仿与拼贴。

模仿是人类社会化活动中的一种能力，通过对周遭事物的观察进行模仿，是伴随人类意识活动兴起的本能行为。在抖音中，另辟蹊径式的独创对于新手老年用户来说具有较大的难度，因此模仿通常是老年用户开始创作的第一步。在浏览短视频的过程中，他们通常会对他人的作品进行观察，收藏自己喜爱的特效、配乐等，在原创作者的作品语言上进行模仿拍摄，从而达到自己满意的效果。在掌握拍摄技巧和发布步骤后，才能进一步创作出新的媒介文本。

拼贴是指一种即兴或改编的文化过程，客体、符号或行为由此被移植到不同的意义系统与文化背景中，能够表达和体现创作者的生活，反映其价值追求并引发群体共鸣。在抖音中，"对口型"是老年用户最常采用的一种影像拼贴技巧，即借助他人提供的音频资源，创作者本人仅需提供表情、动作等肢体表演，便能实现二次加工，完成一场绘声绘色的表演。

在"对口型"作品中，老年用户倾向于选择与自我认同相符合的作品进行拍摄，通过技术完成作品拼接，既能够提高自我的表演能力，又能够实现价值观或个人情感的传递，为处在不同时空的用户提供了同屏对话、激发共情能力的空间契机，使老年用户能够参与到影像意义的解构与重组中去。

（二）身体叙事中的意义赋予

对于老年群体而言，短视频基于身体所提供的叙事符号，形成了一种不同于以往文字表意的平台特征，能够将身体想象转化为身体实践，以实现外部和内部的认同构建。这些老年用户创造和生产的视频，成为老年群体记录生命历程的重要途径，对于他们来说是"创造自身"和"寻找平凡的智慧"的过程。

1. 身体展演拓展自我价值

身体叙事对老年群体来说具有十分重要的价值，不同于年轻群体在短视频中构成的审美层面的身体消费，老年群体的身体条件与形象刻画本身并不具备审美优势。在短视频中，身体叙事带来的意义与价值层面的创造力，反而成为老年群体认识和寻找自我的新渠道，能够帮助他们实现身份认同。不管是经过刻意"包装"后的"具身"表演，还是自然状态下的生活表露，老年群体能够通过身体的演绎参与到媒介生产中，获得一种非同寻常的情景化书写路径，无须特定的叙事技巧和表现形式，这个参与的过程本身便是一种价值的创造过程。

老年抖音用户的价值实现路径有两条，第一条是在平台中展现自身原有的才华与本领，实现价值回归。从这个角度来看，抖音就像一个便携式舞台，离开职场的老人能够在这个舞台上找回"用武之地"，通过身体叙事来发挥自身的专业技能，分享知识经验，从而激发一种彼此欣赏、互相支持的情感。第二条是借助平台获得新的表演体验，创造新的价值追求。对于不具备专业能力的普通老人来说，从满足娱乐需求到主动在平台中追寻自己的兴趣爱好，通过表演完成了一场自我的再追寻。在短视频平台中，基于个人兴趣爱好进行的媒介消费与创作加快了个性化的实现步伐。在兴趣联结下，老年抖音用户不仅能够愉悦身心，还能够结识志同道合的友人。此外，有不少老年用户通过平台接触直播，甚至自己做起了直播。

不论是亲力亲为的原创型老年用户，还是作为二次创作者的积极参与者，或是积极进入直播领域的老人，在观看与被观看的循环中，老年群体的身体叙事能力得以重新释放，能够凭借想象力与创造力，不断进行尝试与突破，从而完善和修饰自我。一方面，老年群体在展演中获得的参与感，能够激发其使用媒介的积极性，促进自我认知协调；另一方面，抖音展演不仅成为老年群体感知自我存在价值、追逐潮流的一种方式，也是向他者呈现自我价值的重要途径。

2. 生命叙事重构人生意义

每一位老人心中都有一本承载着生命意义的故事书。不管这些人生故事和经历是充满理性还是富有感性，是一路跌宕起伏还是平安顺遂，都蕴含着一种属于长者的智慧，而叙事是将这些智慧进行传递与分享的最佳途径。分享自己的经验是生命叙事的关键，个人的生命体验与生活经历以及伴随这些体验与经历而产生的对自我和他者的感悟与思考，是构成生命叙事的重要内容。个体经验的讲述，能够唤起听众内心深处的情感，与过往的记忆产生联动，从而实现意义的加工与再现。

对于老年群体而言，生理层面的老化不代表生命故事将停滞不前，而伴随着老化过程中子女的逐渐远离、职业生活的终结，以及人际关系的断裂，他们身边能够倾听和交谈的人日渐变少，在这种心理层面的约束下，老年群体的叙事能力逐渐变得被动。而媒介化社会下，老年群体能够借助抖音短视频平台"被倾听"，个体生命价值得以面向社会大众开放。不论在抖音中是否真的存在"听众"，都不会影响老年群体将抖音当作讲述人生故事的舞台，在手机镜头前，通过肢体动作、话语表达，重新审视、总结与反思生命历程，修正自我与生命、自我与他者、自我与社会的关系，实现生命意义的赋值。

老年群体的生命叙事不同于宏观视角下的国家叙事与媒体叙事框架，它是一种难以被捕捉和注意的微观个体性叙事，是每一个平凡的老人在生命历程中的真实缩影。通过记忆调动与情景再现，老年群体能够重新塑造个体的认知。对过去经历的复述能够折射出一个普通老人对生活的反思与期许。

此外，生命叙事的实践离不开情感空间的搭建，通过朴实、真挚的自述，老年群体将内心深处的一系列情感认知融于生命叙事中，延伸出丰富的生命意义。同时，抖音短视频的呈现也为观看者提供了一种面对面的对话感，增强了叙事效果，能够唤起观看者内心深处的共鸣，引发共情与认同感。在技术赋权下，越来越多的老年人主动进入抖音平台，不论是记录日常生活还是表达情感，在镜头面前所呈现的这些生活状态是每个普通又平凡的老年人对晚年生活的最好的意义追寻。

（三）互动中的投射与想象

媒介作为个体生活中无处不在的影像来源，能够为人们的想象提供参照，从而实现自我的转变。老年群体通过观看他人的表演汲取可以构建自我的元素，在想象中依靠媒介完成自我构建，而他者的评价又成为检阅和构建自我认同的一面"镜子"，当他者评价与展演中的理想自我相符时，即能完成认同的构建。

1. 仪式化赞赏与自我想象

老年群体在抖音平台注册成为用户后，随着参与程度的增加，在满足信息获取需求的基础后，也渴望受到他人关注，收获属于自己的人气，这种心理需求结合老年群体注重礼仪的社交习惯，使老年用户的抖音社交行为形成了一种具备老年特色的"仪式化"社交风格。

此类行为风格首先体现在互相关注上。笔者发现，有相当一部分普通老年用户在抖音平台拥有上千粉丝，同时他们的关注用户的数量也较高。老年用户将"被关"与"回关"看作一种交往礼仪，即当被他人关注后，他们通常会迅速进行"回关"，以表示一种礼貌，互相关注的行为在老年用户群体中成为一种约定俗成的规矩。此外，潜在的社交规则也体现在老年用户的评论互动上。老年用户在最初发表作品时普遍存在敏感心理，担心自己的作品没有人浏览、不能被认可，尽管他们表面宣称自己发作品是为了"自娱自乐，开心就好"，但实际上，在他们内心深处依旧渴望得到他人的认同，尤其在与人气较高的同龄人对比的情况下。

当然，也有一些老年用户会担心自己的作品无人欣赏，这种心理并非个例，这也引发了老年用户在面对同龄人作品时的共情心理，不论作品是否完美，他们都会在评论区积极地给予对方回应和支持。在老年用户的评论区，出现较多的是赞赏的言论，以及"大拇指""玫瑰花""比心"等平台自带的表情符号。表情符号具有日常交流的表意功能，除此之外还能够传达发出者的观点、态度等，这些蕴含着美好意义的表情符号已经成为老年用户构建认同的方式之一。

在个体的认同构建中，他者充当着重要的角色。倘若个体对自我的认同无法取得他人的认可，或是仅仅取得被他者扭曲的认可，便会带来消极效应。相反，他人的积极评价不仅能够帮助个体实现对自我的想象，也能够促使个体进行自我修正。尽管这些仪式化的赞赏与支持已经成为一种社交习惯，但在促进老年用户的自我想象中起到了不容小觑的作用。

2. 互动中的情感投射

在受众与媒介的互动视角下，老年用户在对短视频符号的解码与编码中产生了情感投射与依附，并将这种情感作用在创作生产中。老年用户观看、讨论与创作的文本在一定程度上体现着他们的价值观，显露了他们的情感指向，他们将符合自己意象的信息传递到平台中，在表达自我认知的同时，通过在媒介中与他者的信息交换来实现情感强化。

在发布一条抖音视频或者一段文字后，他人通过评论传达自身的情感，这些经由互动后的情感会弥补来自现实生活中缺失的情感，实现强化自我认知的目的。除了发表观点之外，老年用户在抖音虚拟社区内的日常交流与互动，也增强了其对抖音的情感依附，不仅能够实现对自我认知的强化，而且能够实现从个人意向表达到集体情感共鸣的转换，建立相同或相似的情感关系。在与他者的信息交换中，他们能够将情感关系作为群体区隔的标准，来区分"我""我们"和"他们"，判断自我的身份位置，完成身份认同的构建。

参考文献

[1] 毕晨帆.趣缘群体的群体认同研究：以济源市"YZ"垂钓群体为例 [D].河南：河南大学，2019.

[2] 陈瑾.滑板运动群体青年亚文化身份认同研究 [D].江西：江西师范大学，2022.

[3] 陈徐毅.当老年群体遇上"数字鸿沟"：智能时代的新挑战 [J].中关村，2021（04）：44-45.

[4] 江荣荣.身份、社会关系与有效治理 [D].上海：华东政法大学，2018.

[5] 景晓平.新媒体语境下老年人身份建构的人际语用研究 [J].外语学刊，2022（02）：15-21.

[6] 孔彤，甘露.旅游业非正规就业群体身份建构 [J].当代旅游，2021，19（35）：47-49.

[7] 李昌龙.我国滑板运动的前景分析 [J].品牌研究，2020（08）：84-85.

[8] 李成.滑板运动发展方向探究 [J].武术研究，2021，6（09）：155-156.

[9] 李闯.亚文化视角下中国青年滑板圈层文化的形成及发展机制 [J].当代青年研究，2022（06）：48-58.

[10] 李茂森.教师身份认同研究 [M].北京：北京师范大学出版社，2014.

[11] 李其美.基于青少年亚文化理论探究《我的滑板鞋》在青少年间的走红现象 [J].新闻传播，2015（10）：18-19，21.

[12] 刘鲁，张静儒，吴必虎，等.身份认同视角下中国背包客的目的地选择偏好研究 [J].旅游学刊，2018，33（04）：80-89.

[13] 刘敏.中小学心理教师身份认同研究 [D].江苏：扬州大学，2018.

[14] 容中逵.中小学教师身份认同构建的基本理路 [J].中国教育学刊，2019（01）：85-88.

[15] 苏亚会.农村中小学教师身份认同现状及对策研究：基于海南省农村学校的调查

[D].海南：海南师范大学，2016.

[16] 孙鹃娟.互联网时代新老年群体的新型社会网络 [J].人民论坛,2021(33)：76–79.

[17] 唐凌宇，赵佳鹏.新媒体时代老年群体的数字化生存挑战：以短视频为例 [J].视听，2022（04）：148–150.

[18] 王昕凤，陈志钢，吴玉琴.旅游业非正规就业群体的身份认同与影响因素分析 [J].内蒙古师范大学学报（哲学社会科学版），2016，45（03）：129–133.

[19] 温芳芳，柯文琳，何赛飞，等.群体身份变换性对老年人印象更新的影响：共同内群体认同的中介作用 [J].心理学报，2022，54（09）：1059–1075.

[20] 寻阳.我国中学外语教师身份认同研究 [M].北京：新华出版社，2016.

[21] 杨暖暖，高慧艳，郭晓丽.新媒介时代老年人身份建构的意识觉醒与行为演进 [J].新媒体研究，2020，6（16）：115–117.

[22] 章淼榕，杨君.从群体心理到认同建构：多学科视角下的身份认同研究述评 [J].广东社会科学，2022（02）：202–214.

[23] 赵丽君，陈钢华，胡宪洋.背包客身份认同对主观幸福感的影响 [J].浙江大学学报（理学版），2022，49（02）：249–260.